# इश्क है खुदखुशी
## LOVE IS SUICIDE

राघवेंद्र सिंह 'रघुवंशी'

Copyright © Raghvendra Singh Raghuvanshi
All Rights Reserved.

ISBN 979-888530548-8

This book has been published with all efforts taken to make the material error-free after the consent of the author. However, the author and the publisher do not assume and hereby disclaim any liability to any party for any loss, damage, or disruption caused by errors or omissions, whether such errors or omissions result from negligence, accident, or any other cause.

While every effort has been made to avoid any mistake or omission, this publication is being sold on the condition and understanding that neither the author nor the publishers or printers would be liable in any manner to any person by reason of any mistake or omission in this publication or for any action taken or omitted to be taken or advice rendered or accepted on the basis of this work. For any defect in printing or binding the publishers will be liable only to replace the defective copy by another copy of this work then available.

# क्रम-सूची

# क्रम-सूची

# क्रम-सूची

# क्रम-सूची

# समर्पण

मेरा काव्य सँग्रह 'इश्क है खुदखुशी' समर्पित है परमपिता परमेश्वर और उन समस्त लोगों को जो मुझसे प्यार या नफरत करते हैं।अगर वह मुझसे इतना प्यार या नफरत नहीं करते तो शायद मैं आज इतना अच्छा नहीं लिख पाता।संसार में कोई कार्य या घटना किसी एक कारण से घटित नहीं होती बल्कि उस घटना को सम्पन्न कराने के लिए न जाने कितनी शक्तियाँ अदृश्य रूप से अविरत कार्य करती हैं।

मेरी लेखनी को गतिशील और प्रभावशाली बनाने के लिए मैं परमपिता परमेश्वर के साथ साथ उन समस्त लोगों, घटनाओं और अदृश्य शक्तियों का हृदय की अनन्त गहराइयों से आभार प्रकट करता हूँ।

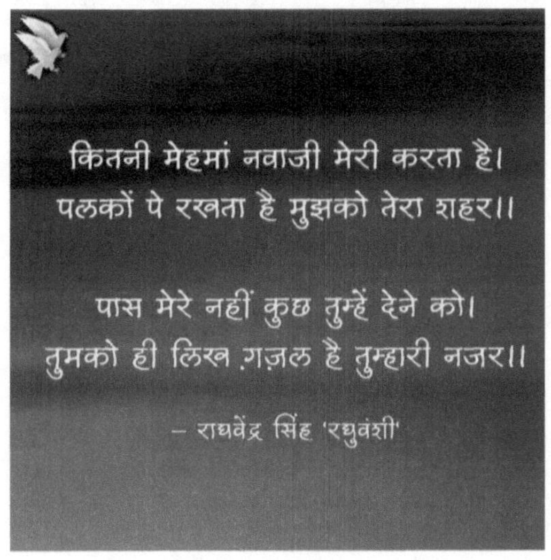

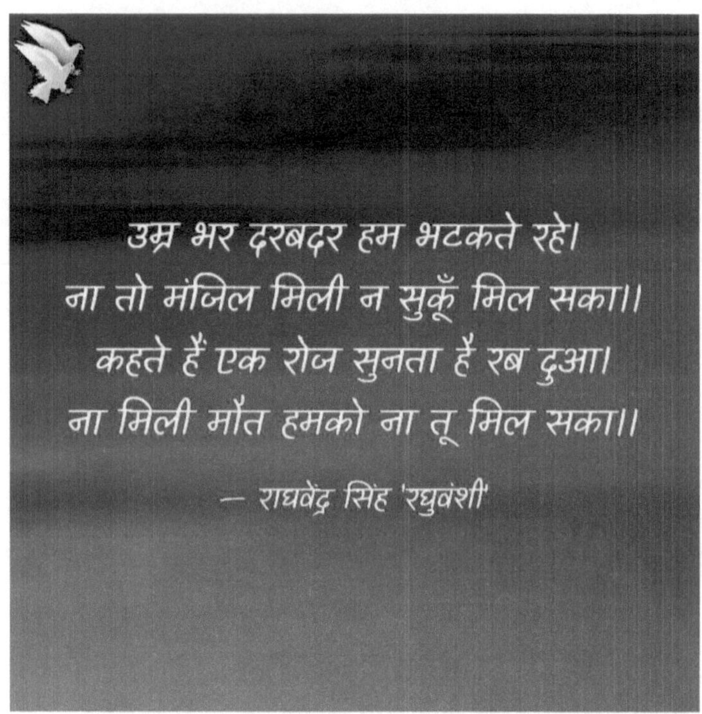
उम्र भर दरबदर हम भटकते रहे।
ना तो मंजिल मिली न सुकूँ मिल सका।।
कहते हैं एक रोज सुनता है रब दुआ।
ना मिली मौत हमको ना तू मिल सका।।

— राघवेंद्र सिंह 'रघुवंशी'

# राघवेंद्र सिंह 'रघुवंशी'

राघवेंद्र सिंह 'रघुवंशी' एक उभरते हुए यूवा कवि, गीतकार और शायर हैं जिनका जन्म 17 जुलाई सन 1997 को उत्तर प्रदेश राज्य के हमीरपुर जिले (बुंदेलखंड) में यमुना और बेतवा के संगम पर स्थित ग्राम पत्योरा में हुआ।

इनके पिता श्री रामेंद्र सिंह एक कृषक एवं माताजी श्रीमती रानी सिंह एक ग्रहणी है। प्रारंभिक शिक्षा इन्होंने अपने गांव में ही प्राप्त की। इसके बाद आगे की पढ़ाई के लिए यह कानपुर नगर गए और वहां इन्होंने मैकेनिकल इंजीनियरिंग की शिक्षा प्राप्त की।

वर्तमान में यह एक निजी क्षेत्र की कंपनी में कार्यरत हैं।

बचपन से ही इनकी रुचि गीत और संगीत दोनों में ही थी लेकिन किसी कारणवश ये संगीत की तालीम हासिल नहीं कर पाए ।

शुरू से ही प्राकृतिक सौंदर्य , खेत खलिहान पेड़ पौधों से इनका विशेष लगाव था और आज भी है ।

राघवेंद्र सिंह 'रघुवंशी' मुख्यतः श्रृंगार रस में कविताएं गीत गजल और शायरी लिखते हैं परंतु अन्य रस भी इनसे अछूते नहीं है।

रघुवंशी जी का यह नवां काव्य संग्रह है, इनके अन्य काव्य सँग्रह 'इश्क़ गुनाह है' , 'मैं आवारा' , 'मैं मानव हूँ', 'अधूरी मोहब्बत' , 'दर्द-ए-दिल' , 'चांद सा चेहरा' ,'मंजिल हो तुम' और 'जिंदगी कुछ नहीं' प्रकाशित हो चुके हैं। जिसमें बहुत ही हृदय स्पर्शी गीत, ग़ज़लों, कविताओं, अशआर और शायरियों का संग्रह किया गया है।

जिन्हें आप ऑनलाइन नोशन प्रेस पब्लिकेशन के स्टोर से ,

Amazon या Flipkart से मंगा सकते हैं।

संपर्क सूत्र-

Mob-

- +91 6387961897
- +91 7992099065

Email- singh04211@gmail.com

भले मुझे अच्छा कवि शायर समझ लो।
मगर इंसान अच्छा मत समझिए।।

– राघवेंद्र सिंह 'रघुवंशी'

# भूमिका

काव्य हमारे दिल की उपज होती है।इसमें हमारे दिमाग का जोर नहीं चलता है और सच्चे अर्थों में वही कविता , गीत , ग़ज़ल , शेर-ओ-शायरी हृदय स्पर्शी होती है जोकि हमारे दिल से निकलती है।अगर काव्य के साथ जोर जबरदस्ती की जाए तो यह सरस न होकर कर्कश हो जाता है।इसमें भाव की प्रधानता होती है।

अगर आप मेरे इस काव्य संग्रह को काव्य की तरह दिल से पढ़ेंगे तो आपको अति आनंद की प्राप्ति होगी परंतु यदि आप इसे व्याकरण की दृष्टि से देखेंगे तो हो सकता है कि आपको निराशा हो क्योंकि मैं कोई प्रोफेसर नहीं हूँ इसलिए मैं व्याकरण पर जोर न देकर सिर्फ भाव पर ध्यान रहता है।

मेरा व्यक्तिगत मानना है कि कविता गीत ग़ज़ल और शायरी अगर गेय यानी कि गाने योग्य धुन में है तो आपको बहर मीटर में एक एक मात्राओं के जोड़ घटाव पर विचार करने की कोई जरूरत नहीं है।फिर भी कुछ लोग बहर को ही ज्यादा महत्वपूर्ण मानते हैं तो ये उनका अपना मानना है।

क्योंकि मेरा ये मानना है कि आम लोग कभी बहर या मीटर की जांच पड़ताल करके कविताओं को पसंद नहीं करते जो भी उनके दिल को पसंद आ जाये वही सर्वश्रेष्ठ, सर्वोत्तम है फिर चाहे वह बहर में हो चाहे बे बहर हो,उन्हें काफिया और रदीफ से भी बहुत ज्यादा मतलब नहीं रहता।
वही काव्य सर्वोत्तम है जो आम आदमी की समझ में आए और उसकी जुबान बोले।अर्थात मैं हूँ या कोई और कवि लेखक या

शायर वो सिर्फ प्रबुद्धजनों या उस्तादों के पढ़ने के लिए नहीं लिखते।

आप मेरे कहने का आशय भली भांति समझ गए होंगे।बस इन्ही शब्दों के साथ मैं अपनी बात को यहीं पर विराम देता हूँ।

"व्यर्थ 'रघुवंशी' है दिल लगाना यहाँ।

कुछ नहीं दुनिया है एक छल दोस्तों।।"

~ राघवेंद्र सिंह 'रघुवंशी'

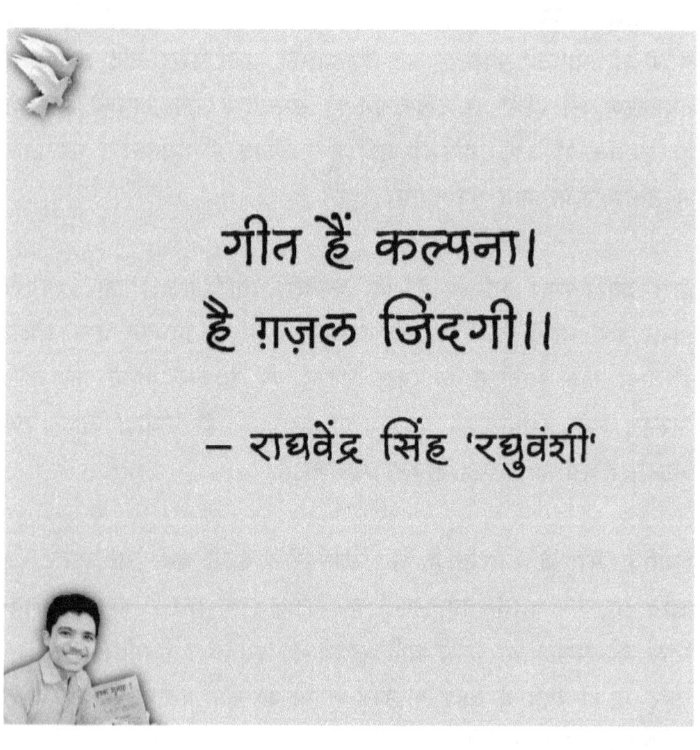

# ग़ज़ल संग्रह

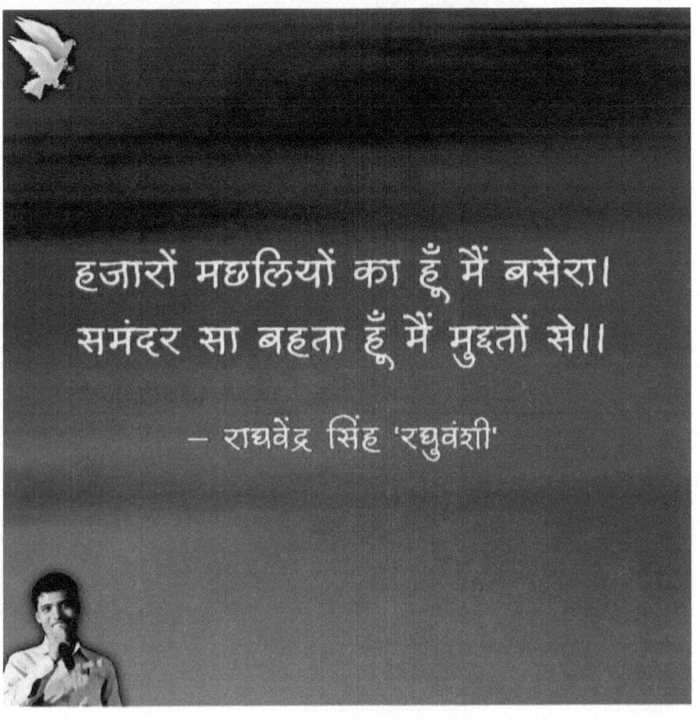

सुकूँ मिलता है मुझको तो
मोहब्बत की अदालत में।

किसी के इश्क में दिल का
मुकदमा हार कर देखो।।

— राघवेंद्र सिंह 'रघुवंशी'

# 1. इश्क है खुदखुशी

इश्क है खुदखुशी मान भी लीजिए।
दर्द है आशिकी मान भी लीजिए।।

कोई साहिल नहीं गम के शैलाब में।
नाव है जिंदगी मान भी लीजिए।।

जिसको ढूंढें नजर हर घड़ी उसके बिन।
व्यर्थ है हर खुशी मान भी लीजिए।।

गर करोगे मुहब्बत जमाने में तुम।
दर्द है लाज़मी मान भी लीजिए।।

वक़्त का अर्दली है मुकद्दर महज।
कुछ नहीं आदमी मान भी लीजिए।।

# 2. हर एक अल्फाज जिगर के लहू से लिखते हैं

हर एक अल्फाज जिगर के लहू से लिखते हैं।
तब कहीं जाके किताबों में छप के बिकते हैं।।

इतना आसां नहीं शायर की जिंदगी जीना।
जितना आसान लोग दुनिया में समझते हैं।।

चार दिन शायरी का पेशा है आसान मगर।
आखिरी तक यहाँ पे चंद लोग टिकते हैं।।

लंबे अरसे से चेहरा पढ़ना सिख रहे हैं हम।
वैसे होते नहीं हैं जैसे लोग दिखते हैं।।

मछलियां आती हैं चुगती हैं चली जाती हैं।
हम तो 'रघुवंशी' दरिया बनके बहते रहते हैं।।

# 3. कोई रुकता नहीं है किसी के लिए

कोई रुकता नहीं है किसी के लिए।
वक्त ठहरा है कब आदमी के लिए।।

हम हैं उलझे हुए उनमें क्यूँ बेवजह।
जो जरूरी नहीं जिंदगी के लिए।।

सर झुका देते हैं प्रेम से अपना हम।
और क्या चाहिए बंदगी के लिए।।

एक सुकूँ से भरी जिंदगी है बहुत।
चाहिए कुछ नहीं और खुशी के लिए।।

क्या बताएं कि हम कितने मसरूफ हैं।
वक्त मिलता नहीं खुद-खुशी के लिए।।

उसने खुद से हमें यूं जुदा कर दिया।
क्या लिखूं उसकी मैं बेरुखी के लिए।।

# 4. जिंदगी की तरह जिंदगी अब नहीं

जिंदगी की तरह जिंदगी अब नहीं।
चेहरों पर पहले जैसी हंसी अब नहीं।।

खो गई आदमियत अब न जाने कहाँ।
आदमी की तरह आदमी अब नहीं।।

पास कितनी भी दौलत व शोहरत हो पर।
पास फिर भी किसी के खुशी अब नहीं।।

है नहीं खास कुछ देखो मुझमें हुनर।
दुनिया में शायरों की कमी अब नहीं।।

जो जरा सी बुलंदी पे उड़ने लगे।
उनके कदमों के नीचे जमीं अब नहीं।।

अब मैं रोता नहीं याद करके तुम्हें।
मेरी आँखों में देखो नमी अब नहीं।।

चेहरा 'रघुवंशी' इंसान का होगा पर।
होगा इंसान वो लाजमी अब नहीं।।

# 5. आप जब थे मिले हमको ऐसा लगा

आप जब थे मिले हमको ऐसा लगा।
हो गई हो मुकम्मल मेरी हर दुआ।।

गम नहीं मुझसे यूं दूरियां रखने का।
आपका यूं बदलना मुझे खल गया।।

बात तेरी कोई हमने टाली नहीं।
आखरी समझा तेरा हर एक फैसला।।

तुमको ही लिक्खा है मैंने शाम-ओ-सहर।
मंच से तुमको ही गुनगुनाता रहा।।

इतना आसां नहीं यूँ परखना मुझे।
तुमको मालूम क्या-क्या मेरे संग हुआ।।

मानकर उसको भगवान इस दुनिया में।
अपने दिल के शिवालय में हमने रखा।।

मुझको उनसे सदा नफ़रतें ही मिलीं।
जिनके खातिर क़सीदे मैं पढ़ता रहा।।

# 6. आखरी सांस तक हम तुम्हें चाहेंगे

आखरी सांस तक हम तुम्हें चाहेंगे।
ढालकर ग़ज़लों में हम तुम्हें गाएंगे।।

इम्तिहाँ जो भी लेना हो ले लीजिए।
करते-करते तुम्हें प्यार मर जाएंगे।।

जब कभी देखोगे हाल-ए-दिल तुम मेरा।
आपके नैन अश्कों से भर आएंगे।।

प्यार करके तुम्हें हम सम्हल ना सके।
सोचा था कि हम एक दिन सम्हल जाएंगे।।

लग रहा था कि जब हम लिखेंगे उन्हें।
वो हमें पा के किस्मत पर इतराएंगे।।

# 7. एक दिन दर्द से इतना भर जाएंगे

एक दिन दर्द से इतना भर जाएंगे।
हम तुम्हें याद करते ही मर जाएंगे।।

हाल देखेगा जब ये जमाना मेरा।
दुनिया वाले मोहब्बत से डर जाएंगे।।

बेवजह हमने भ्रम मन में पाला था ये।
आपकी पा के चाहत निखर जाएंगे।।

इस कदर टूटे हैं क्या बताएं तुम्हें।
रेत बनकर हवा में बिखर जाएंगे।।

देखा था जब तुम्हें हमको ऐसा लगा।
दरिया के पार हम भी उतर जाएंगे।।

प्यार हमने किया था बड़े शौक से।
लग रहा था कि हम भी सँवर जाएंगे।।

अब तो 'रघुवंशी' कोई सहारा नहीं।
छोड़कर तेरा दामन किधर जाएंगे।।

# 8. जबसे चेहरा तुम्हारा नजर आ गया

जबसे चेहरा तुम्हारा नजर आ गया।
तबसे लिखने का मुझको हुनर आ गया।।

जब ग़ज़ल कोई कलम से निकल जाती है।
लगता है मिलने तू मेरे घर आ गया।।

जब कभी सोच लेता हूं ज्यादा तुम्हें।
लगता है मैं कहीं बेडगर आ गया।।

बाग भी प्यार का बौना लगाने लगा।
एक अमिरी का जबसे शजर आ गया।।

ढूंढने निकले थे ख्वाबों का हम शहर।
जाने कब मौत का ये नगर आ गया।।

एक पल बिन तेरे जीना मुमकिन न था।
जाने कब बनके गम हमसफर आ गया।।

खुद की मैं जुस्तजू में भटकता रहा।
लौट कर शाम को अपने घर आ गया।।

तुम गईं तो हजारों ने चाहा हमें।
सोचकर 'रघुवंशी' ये सबर आ गया।।

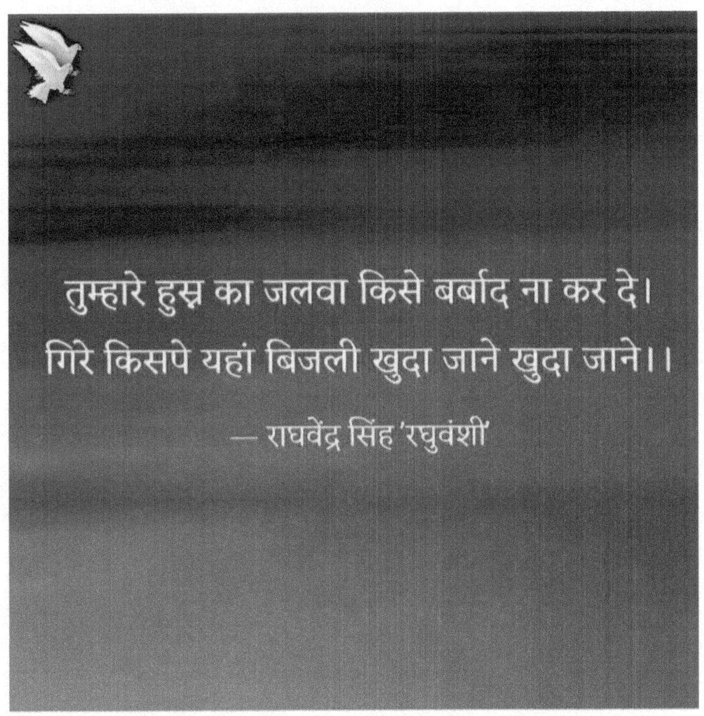

# 9. प्यार हमने किया कोई सौदा नहीं

प्यार हमने किया कोई सौदा नहीं।
जैसा हमने किया वैसा होता नहीं।।

मिलते-जुलते रहो सबसे उम्मीद बिन।
अब कोई दुनिया में अपना होता नहीं।।

दूसरों की यहां बात क्या मैं करूँ।
मैं तो खुद दर्द में अपने रोता नहीं।।

साथ छोड़े अगर हमसफर बीच में।
मसला है कोई गहरा ये धोखा नहीं।।

हममें सबसे ये आदत बुरी है बहुत।
जाने क्यूँ अब किसी पर भरोसा नहीं।।

अच्छा भी है तेरा और बुरा भी तेरा।
फैसले को तेरे हमने कोसा नहीं।।

मैं बहुत रोया जब छोड़कर वो गया।
एक दफा हमने पर उसको रोका नहीं।।

तुमसे हम यूँ बिछड़कर कहाँ जाएंगे।
हमने 'रघुवंशी' अब तक ये सोचा नहीं।।

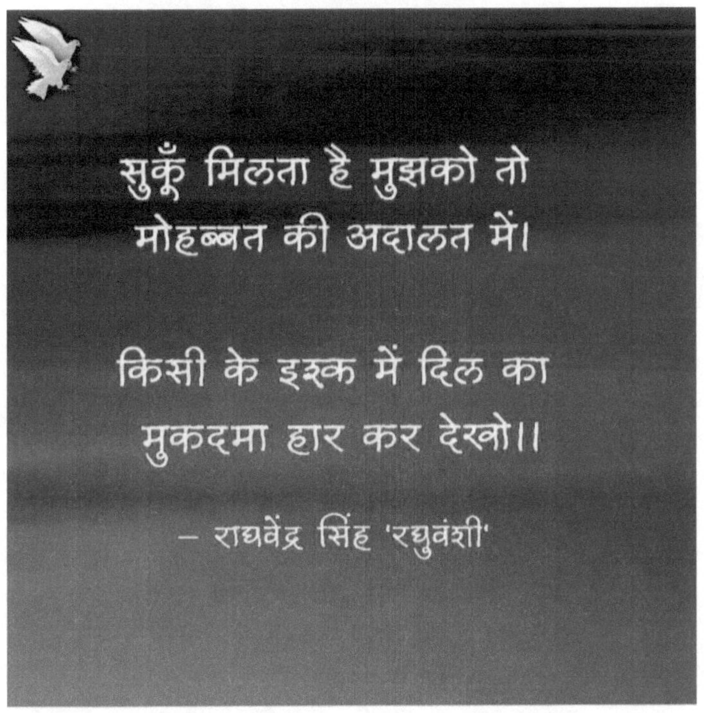

# 10. दर्द-ए-दिल के सिवा जिंदगी कुछ नहीं

दर्द-ए-दिल के सिवा जिंदगी कुछ नहीं।
आरज़ू के सिवा बंदगी कुछ नहीं।।

चार दिन की जवानी का है ये नशा।
और इसके सिवा आशिक़ी कुछ नहीं।।

इल्म है दर्द-ओ-गम को छुपाने का ये।
मुस्कुराते लबों की हंसी कुछ नहीं।।

अपनी ही ख्वाहिशों से परेशान है।
और इन्सान की बेबसी कुछ नहीं।।

एक तुम्हें सोचना और लिखना तुम्हें।
गम का है ये सबब बेकसी कुछ नहीं।।

है जरूरत का हर रिश्ता दुनिया में अब।
अब किसी के लिए आदमी कुछ नहीं।।

वो घिरे हैं रकीबों से कुछ इस तरह।
कैसे देखें हमें बेदिली कुछ नहीं।।

गाँव को दिल में रखते हैं 'रघुवंशी' हम।
हममें इसके सिवा सादगी कुछ नहीं।।

---

तुम भूल गई मुझको मैं तुम्हें भूल नहीं पाया,
तुमको ही ढाल के गीत ग़ज़ल में मंचों से गाया।
किसी और की दुल्हन बनके तुम छोड़ गई मुझको,
पर मैं तो और किसी का हो भी नहीं पाया।।

— राघवेंद्र सिंह 'रघुवंशी'

# 11. दिल भी है वो मेरा दिल का एहसास भी

दिल भी है वो मेरा दिल का एहसास भी।
दूर होके भी वो दिल में है आज भी।।

जख्म कुछ जिंदगी ने मुझे यूँ दिये।
जिनका मरहम नहीं वक्त के पास भी।।

दूर है मुझसे मुद्दत से एक सखश जो।
भूल पाया नहीं उसको मैं आज भी।।

जर्रा जर्रा मेरा उसके बस में है यूँ।
वो है खामोशी भी मेरी आवाज़ भी।।

दी है पहचान उसने ही मुझको नई।
है किया उसने ही मुझको बर्बाद भी।।

सोचकर दिल उसे मुस्कुराता भी है।
याद में उसकी रहता है नाशाद भी।।

जिसको 'रघुवंशी' लिखता हूँ शाम-ओ-सहर।
उससे ही रहता हूँ अब मैं नाराज भी।।

# 12. कुछ नहीं जिंदगी दर्द-ओ-गम का है घर

कुछ नहीं जिंदगी दर्द-ओ-गम का है घर।
गम के बिन जिंदगी का नहीं है बसर।।

इतना क्या सोचते हो बताओ जरा।
जिंदगी है महज मौत तक का सफर।।

मुझपे तेरा असर इस तरह से हुआ।
मुझमें अब मेरा ही है असर बेअसर।।

बात मेरी भले ही न अच्छी लगे।
जिंदगी है यहां सबसे मीठा जहर।।

पौने आठ अरब में कुछ एक छोड़ कर।
जिंदा मुर्दों का है यह जहां एक शहर।।

है हर एक शख्स समझो परिंदा यहाँ।
रिश्ते नातों का है जिंदगी एक शजर।।

सांस रुकने तलक लय में चलती नहीं।
जीते जी जिंदगी रहती है बेबहर।।

जिसपे 'रघुवंशी' लिख दी किताबें कई।
अब वही देखिए मुझसे है बेखबर।।

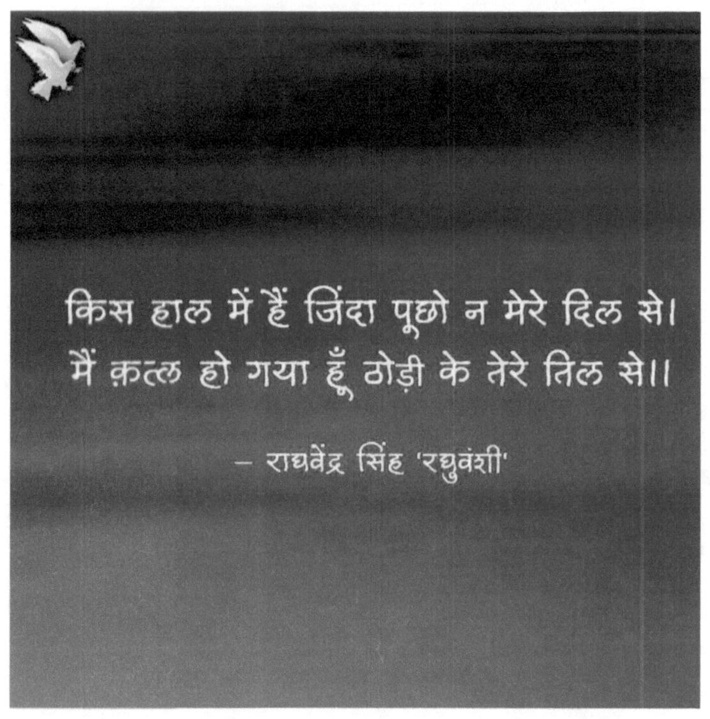

# 13. है ग़ज़ल तू ही तू ही तराना मेरा

है ग़ज़ल तू ही तू ही तराना मेरा।
है तुम्हारे लिए दिल दिवाना मेरा।।

मुझको बेघर न तुम इस तरह से करो।
है तेरे दिल में सुन आशियाना मेरा।।

गुस्से में हो मैं चलता हूं कल आऊंगा।
छोड़ तुमको कहां है ठिकाना मेरा।।

कोई जब तुमसे नफरत करेगा सुनो।
याद आएगा प्यार लुटाना मेरा।।

जब जमाने की धड़कन में मैं धड़कूँगा।
तुमको खल जाएगा दूर जाना मेरा।।

रूठ जाएगा जब तुमसे अपना कोई।
याद आएगा तुमको मनाना मेरा।।

मैंने दुनिया में दौलत कमाई नहीं।
दिल का है कीमती तू खजाना मेरा।।

मैं बहुत हूँ बुरा मुझमें अच्छा न कुछ।
मुझको भाता है बस गुनगुनाना मेरा।।

इंतजा'र जिन्हें है मेरे गिरने का।
उनको चुभ जाता है मुस्कुराना मेरा।।

जो दीवाने मेरे ग़जलों में पढ़ तुम्हें।
उनको भाता नहीं दिल लगाना मेरा।।

कोई नाम-ओ-निशां न मिलेगा तुम्हें।
इश्क़ 'रघुवंशी' है सूफियाना मेरा।।

# 14. हसीनों के फसाने को खुदा जाने खुदा जाने

हसीनों के फसाने को खुदा जाने खुदा जाने।
प्यार के तानेबाने को खुदा जाने खुदा जाने।।

जो अंदर टूट जाते हैं मगर जाहिर नहीं करते।
वो उनके मुस्कुराने को खुदा जाने खुदा जाने।।

कि हमने तो किया तुझपे भरोसा तेरा तू जाने।
तेरे झूठे बहाने को खुदा जाने खुदा जाने।।

जो मन ही मन में रोते हैं लबों से हंसते रहते हैं।
वो उनके खिलखिलाने को खुदा जाने खुदा जाने।।

फंसें हों जिमसें आशिक़ जाल वो मुझको नहीं दिखता।
फिर उनके फड़फड़ाने को खुदा जाने खुदा जाने।।

तुम्हारी याद में चुपचाप मैं कमरे में बैठा था।
मेरे फिर डूब जाने को खुदा जाने खुदा जाने।।

बिना खंजर के उसने कत्ल कर डाला जमाने को।
अब उनके कत्लखाने को खुदा जाने खुदा जाने।।

महज एक शख्स में बसता है मेरा तो जहाँ सारा।
'रघुवंशी' इस जमाने को खुदा जाने खुदा जाने।।

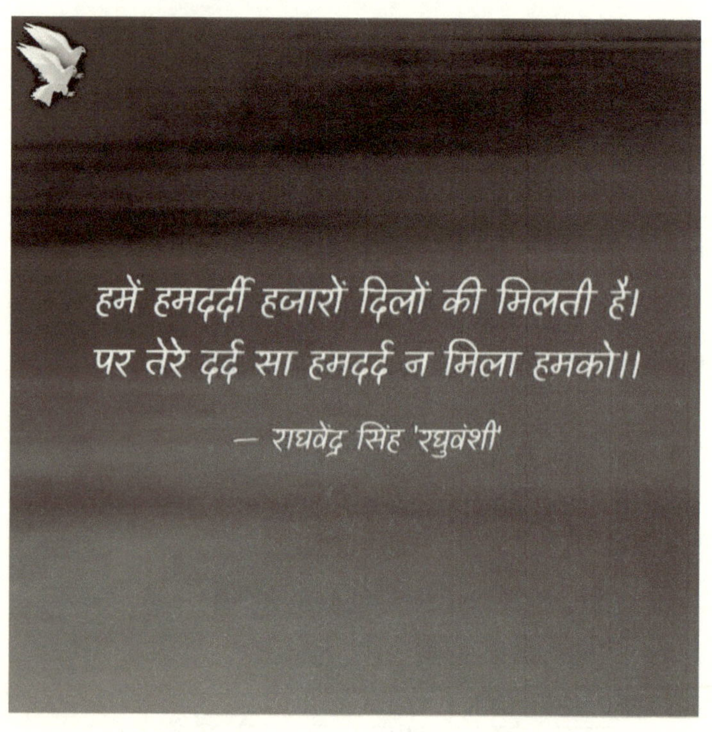

# 15. प्यार जबसे हुआ तेरा मुझमें जवां

प्यार जबसे हुआ तेरा मुझमें जवां।
साथ है तबसे तन्हाई का कारवां।।

दिल ही दिल तुम हमें चाहते हो बहुत।
आज भी मेरे दिल को यही है गुमाँ।।

क्या हो मेरे लिए तुम बताऊं मैं क्या।
जानता है जमाना जमीं आसमां।।

काश दिल में बवंडर मेरे कोई उठे।
जो बुझा दे तुम्हारी याद का शमां।।

है जमाना ये बेचैनियों का बहर।
बेवजह ढूंढता हूं सुकूँ मैं यहां।।

सीख पाते न 'रघुवंशी' हम ये हुनर।
तेरे गम मुझपे होते न गर मेहरबां।।

# 16. इश्क है अब सजा

इश्क है अब सजा मान भी लीजिए।
इश्क है एक खता मान भी लीजिए।।

दर्द-ओ-गम है तबाही का पैगाम है।
इश्क है जलजला मान भी लीजिए।।

दिल मेरा है पुराना बहुत छोड़िए।
दिल को मेरे मकां मान भी लीजिए।।

घर बसा लीजिए भूलकर तुम मुझे।
इतनी मेरी रजा मान भी लीजिए।।

सम्हलो वर्ना यहां खुद से खो जाओगे।
मेरी ये इल्तजा मान भी लीजिए।।

हमको कब से जमाना समझता है ये।
हमको तुम बेवफा मान भी लीजिए।।

बात 'रघुवंशी' उसकी न टाली कभी।
आखिरी फैसला मान भी लीजिए।।

# 17. हमने फिर से कहीं जाल डाला नहीं

हमने फिर से कहीं जाल डाला नहीं।
दिल के आंगन से तुमको निकाला नहीं।।

क्या लिखें हम दिवाली को तेरे बिना।
जिंदगी में ही तुम बिन उजाला नहीं।।

जिसमें भी अक्स तेरा न शामिल हो गर।
ख्वाब ऐसा कोई दिल में पाला नहीं।।

तेरी बाहों के जैसा नशा हो मुझे।
दुनिया भर में कोई ऐसी हाला नहीं।।

ज़र्रा - ज़र्रा बने हैं बुराई से हम।
दिल तुम्हारा मेरे जैसे काला नहीं।।

कल्पनाओं की दुनिया में रहते हैं हम।
दिल में रहती कोई मेरे बाला नहीं।।

मुझमें 'रघुवंशी' तुम इस कदर घुल गए।
कोई भी फैसला तेरा टाला नहीं।।

# 18. फिर तुम्हारे शहर से गुजर जाएंगे

फिर तुम्हारे शहर से गुजर जाएंगे।
जीते जी एक दफा फिर से मर जाएंगे।।

हफ्तों हमको नजर कुछ न आएगा यूँ।
कोहरे से प्यार के तेरे घिर जाएंगे।।

पार हम कर गए हैं बिगड़ने की हद।
आशा मत कीजिए हम सुधर जाएंगे।।

हैं किनारे टिके चोट दोगे अगर।
मौत के हम समंदर में गिर जाएंगे।।

खेल जो आशिक़ी को समझते हैं वो।
देख कर हाल मेरा सिहर जाएंगे।।

हम हैं टूटे बहुत हमको मत छेड़िए।
खुश्बू बन हम ग़ज़ल की बिखर जाएंगे।।

है पुलिंदा यूँ भारी तेरी यादों का।
बोझ 'रघुवंशी' लेकर किधर जाएंगे।।

# 19. है दुआ कि न हम दोनों फिर से मिले

है दुआ कि न हम दोनों फिर से मिले।
गर मिले तो तेरा दर्द फिर से मिले।।

डूब जाता है सूरज भी उम्मीद का।
जब किसी को दगा हमसफर से मिले।।

इस जमाने से हम क्या शिकायत करें।
उम्रभर ताने अपने ही घर से मिले।।

मेरे मालिक मुझे तू भले कुछ न दे।
नेक चिंतन मुझे तेरे दर से मिले।।

कुछ थे पहले से दिल में दिए तुमने कुछ।
कुछ तो गम तुझको खोने के डर से मिले।।

जिंदगी भर सुकूँ से रहे दूर हम।
हमको ताउम्र गम दुनिया भर से मिले।।

जिसने महफूज रक्खा है हर पल तुम्हें।
आज फिर से उसी हम शहर से मिले।।

गौर फरमाया 'रघुवंशी' जब खुद पे तो।
मेरे खुद के कदम बेडगर से मिले।।

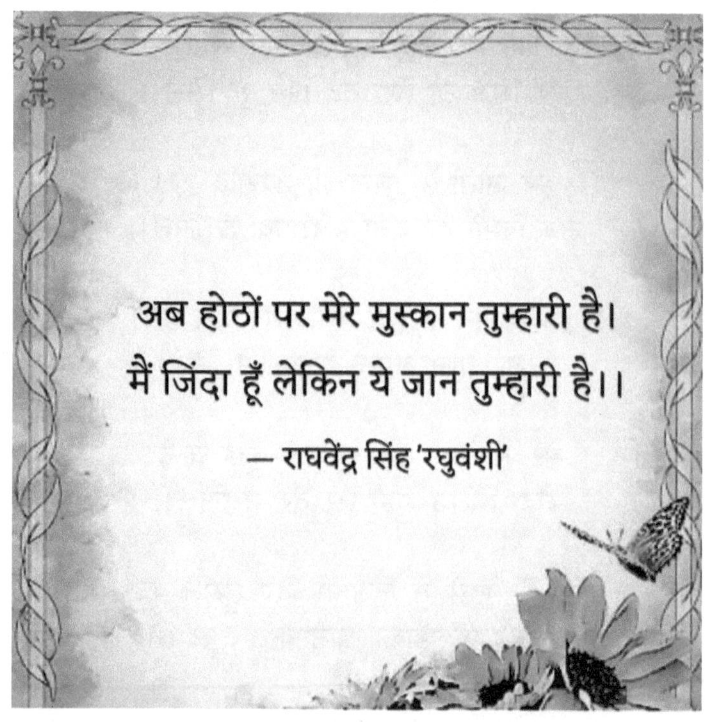

# 20. महज तुम्हें पाने को सुनो हम

महज तुम्हें पाने को सुनो हम अकेले दुनिया से लड़ गए
थे।
तुम्हें छोड़ने को जब कहा तो हम अपने घर में बिगड़ गए
थे।।

क्या लफ्जों में अपना हाल बोलें जिए हैं किस तरह क्या
बताएं।
अगर न ग़जलों में दर्द लिखते समझिए कि हम तो मर
गए थे।।

कि तुमने जब हमको छुप के देखा नजर हमारी थी पानी
पानी।
असर तुम्हारी नजर का होते ही हम कसम से सँवर गए
थे।।

अगर न लोगों का प्यार मिलता तो मेरा जीना नहीं था
मुमकिन।
हम एड़ी से चोटी तक तुम्हारे गम-ए-मुहब्बत से भर गए
थे।।

कि जब मेरे दिल को तुमने तोड़ा गैर के संग रिश्ता तुमने
जोड़ा।
प्यार में ऐसा भी लोग करते हैं सोचकर हम सिहर गए
थे।।

सुलूक ऐसा हुआ मेरे सँग गिला दुश्मनों से भूल बैठे।
तभी से 'रघुवंशी' हम जमाने में दोस्ती से ही डर गए थे।।

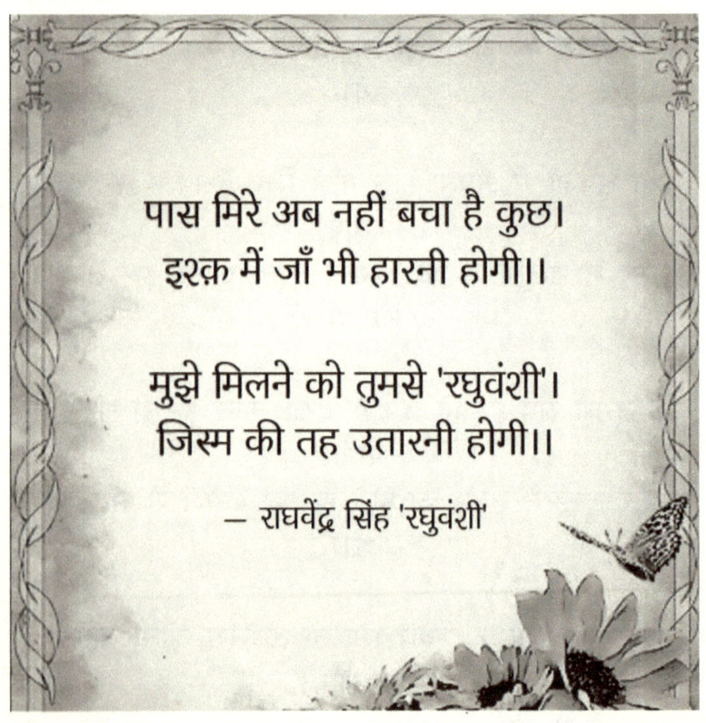

# 21. फिर से सूरज की लाली चमकने लगी

फिर से सूरज की लाली चमकने लगी।
बागों में फिर से कलियां महकने लगी।।

खेत खलिहान हैं है खुशी की सहर।
फिर हंसी जिंदगी आज लगने लगी।।

कलियों को देख भौंरे ने बांधा समां।
बाग में फिर से कोयल चहकने लगी।।

आज बारिश हुई झूम के गांव में।
फिर से मिट्टी की खुशबू महकने लगी।।

याद आया पुराना हमें दौर फिर।
कानों में तेरी चूड़ी खनकने लगी।।

कितना रंगीन मौसम है फिर गाँव में।
तितलियां ऋतु बसन्ती में उड़ने लगी।।

मौसम-ए-गर्मी 'रघुवंशी' है शहरों में।
गांव में हल्की सी ठण्ड पड़ने लगी।।

# 22. प्यार जिसने हमेशा किया तोलकर

प्यार जिसने हमेशा किया तोलकर।
जख्म देता है मुझको वो दिल खोलकर।।

झूठा ही मुझको मरहम लगा दे कोई।
वो मुझे प्यार करता है ये बोलकर।।

कितनी हमदर्दी मुझसे वो रखता है अब।
उसने बतलाया मुझको ये दिल तोड़कर।।

कैसे लफ़्ज़ों में उसकी खुशी मैं लिखूं।
रिश्ता जब आया वो गैर से जोड़कर।।

दोस्त लिक्खूं या 'रघुवंशी' दुश्मन लिखूं।
जो गया जिंदगी का यूँ रुख मोड़कर।।

# 23. मुझे आदत सुधारनी होगी

मुझे आदत सुधारनी होगी।
उमर तन्हा गुजारनी होगी।।

पास मिरे अब नहीं बचा है कुछ।
इश्क़ में जाँ भी हारनी होगी।।

वैसे भी जिंदगी है पतझड़ अब।
दिल की बगिया उजाड़नी होगी।।

दिल के हर एक लहू के कतरे से।
उसकी जुल्फें सँवारनी होंगी।।

मुझे मिलने को तुमसे 'रघुवंशी'।
जिस्म की तह उतारनी होगी।।

# 24. मुझे आज भी है याद तेरा

मुझे आज भी है याद तेरा देख मुझे पलकों का झुकाना।
झुकी हुई नजरों से तुम्हारा सरेआम बिजलियां गिराना।।

कभी जो तुमने लुटाया हमपे तुम्हें लगा हम भुला चुके हैं।
छुपा के हमने रखा है दिल में तेरी मुहब्बत का वो
खजाना।।

वो हंसके हमसे यूं टाल देते हैं जैसे हम उनसे बेखबर हों।
उन्हें ये लगता है जैसे हमको पता नहीं उनका आना
जाना।।

हमें अनाड़ी समझ रहे वो कि जिनके पर तक उगे नहीं हैं।
उन्हें भी कोई बताए जाकर हमारी उल्फत का वो जमाना।।

उम्र मुहब्बत को लिखने पढ़ने में गुजरी 'रघुवंशी' ये
हमारी।
कि हम सराबोर हैं मुहब्बत से फिर न हमको यूँ
आजमाना।।

# 25. हम भी इंसान हैं, तन्हाई हमको भी सताती है

हम भी इंसान हैं तन्हाई हमको भी सताती है।
तुझे कैसे बताएं कितनी तेरी याद आती है।।

कि अक्सर कोई ना कोई बहाना करना पड़ता है।
किसी से क्या कहें कि हमको एक लड़की रुलाती है

तुम्हारी यादों की गर्मी में मैं हर पल झुलसता हूं ।
तुम्हारी याद है अंगार दिल मेरा जलाती है।।

तुम्हारी याद अब कितनी हमें तकलीफ देती है।
कि जब आती है छूरी जैसे दिल को चीर जाती है।।

जो मेरी छोटी सी चोट पे पहले रोने लगती थी।
मुझे पागल वो करके जश्न-ए-दीवाली मनाती है।।

पता है डूबना है इसमें और फिर दम निकलना है।
प्यार में फिर भी दुनिया आ खुशी से कूद जाती है।।

कि जिसने देख ली दुनिया उसे क्या और ख्वाहिश हो।
गनीमत है कि 'रघुवंशी' मौत मुझे बुलती है।।

# 26. जाने कब इतना मैं बेसबर हो गया

जाने कब इतना मैं बेसबर हो गया।
जुस्तजू में तेरी बेखबर हो गया।।

शायरी के मैं श से भी अनजान था।
कैसे मैं शायरी का शजर हो गया।।

पहले गुमनाम था अपने ही गाँव में।
अब दिवाना मिरा हर शहर हो गया।।

अपना भी चर्चा दुनिया में होता है अब।
जब से मुझ में तुम्हारा असर हो गया।।

नीम से भी मैं कड़वा था पहले सुनो।
प्यार में तेरे घुलकर शहद हो गया।।

मर्ज-ए-दिल है दवा अब मेरी शायरी।
अब तो 'रघुवंशी' मैं जायफल हो गया।।

# 27. करवटें हम बदलते रहे रात भर

करवटें हम बदलते रहे रात भर।
ख्वाब देखा तेरा रातभर जागकर।।

जैसे ही हम तेरी मांग भरने लगे।
हमको आवाज देने लगी ये सहर।।

आईने में ना खुद को निहारा करो।
लग न जाए तुम्हारी ही तुमको नजर।।

कितनी मेहमां नवाजी मेरी करता है।
पलकों पे रखता है मुझको तेरा शहर।।

मैं महज एक पत्ता तेरी शाख का।
गर मैं शायर तू है शायरी का शजर।।

पास मेरे नहीं कुछ तुम्हें देने को।
तुमको ही लिख ग़ज़ल है तुम्हारी नजर।।

इश्क़ कीजै न 'रघुवंशी' है यह सलाह।
सहना पड़ जाएगा दुनियाभर का कहर।।

# 28. शहर में ही कातिल हवा चल रही है

शहर में ही कातिल हवा चल रही है।
जहां मेरे दिल की दवा चल रही है।।

तुम्हारा मैं सारा करम मानता हूँ।
मेरे कदमों को जो जमीं मिल रही है।।

मेरे पास अब क्या कमी है बताओ।
मुझे बस तुम्हारी कमी खल रही है।।

बिछड़के न जीने का वादा किया पर।
न जाने मेरी सांस क्यूँ चल रही है।।

न मसलो यूँ बेदर्दी से ख्वाब मेरा।
मेरे ख्वाबों में एक कली पल रही है।।

उन्हें तो पड़ी है फखत रोशनी की।
यहां हर घड़ी जिंदगी जल रही है।।

नहीं कुछ मैं कहता बस इतना समझलो।
किसी को किसी की वफ़ा छल रही है।।

शिकायत करूँ किससे बोलो तुम्हारी।
शहर में तुम्हारी हवा चल रही है।।

हो 'रघुवंशी' कोई तुम्हारा तो बोलो।
नजर में तेरी जुस्तजू चल रही है।।

कंधे पे सर वो रख के ,
अक्सर ये बोलती थी।

मर जायेंगे तेरे बिन ,
कभी छोड़ के न जाना।

– राघवेंद्र सिंह 'रघुवंशी'

# 29. दोस्ती की नसीहत न दीजै हमें

दोस्ती की नसीहत न दीजै हमें।
खुशियों की अब वसीहत न दीजै हमें।।

रहने दीजै हमारी नियत को बुरी।
अब खुदा नेक नीयत न दीजै हमें।।

आदत है हमको गिर गिर सम्हलने की अब।
फूल जैसा कोई पथ न दीजै हमें।।

जो महज दो पलों का ही उन्माद हो।
इतनी ज्यादा भी इज्जत न दीजै हमें।।

मेरी आदत बिगड़ जाए दो रोज में।
दर्द से यूँ भी राहत न दीजै हमें।।

# 30. दिल में फिर से वही आग जलने लगी

दिल में फिर से वही आग जलने लगी।
ख्वाब में आके फिर से वो मिलने लगी।।

जितनी ज्यादा बुझाने की कोशिश हुई।
आग उतनी ही ज्यादा धधकने लगी।।

जिंदगी में क्या होने को बाकी है अब।
जो मेरी आँख फिर से फड़कने लगी।।

जितनी करता हूँ कोशिश सुधरने की मैं।
उतनी ज्यादा ही आदत बिगड़ने लगी।।

प्यार का अपने कम्बल हमें दे दो ना।
शहर ए दिल में मिरे ठण्ड पड़ने लगी।।

जितना नजदीक तुम आ रहे हो मिरे।
उतनी बेताबियाँ मेरी बढ़ने लगी।।

जबसे 'रघुवंशी' उसको मैं लिखने लगा।
सारी दुनिया हमें तब से पढ़ने लगी।।

# 31. कहीं ऐसा न हो मर के भी मुझको ना सुकूँ आए

कहीं ऐसा न हो मर के भी मुझको ना सुकूँ आए।
खुदा के घर में भी मुझको तुम्हारी आरजू आए।।

काश एक रोज ऐसा भी जमाने में कभी गुजरे।
जेहन में तेरे मेरा भी खयाल-ए-जुस्तजू आए।।

कभी बेताब हो कर तुम मेरे घर के लिए निकलो।
खड़ी हो मुझको लेके मौत जब मिलने को तू आए।।

रहें खामोश हम दोनों कि थम जाए मेरी धड़कन।
तेरे दिल में इरादा करने का तब तगुफ़्तगू आए।।

रहे हम उम्र भर मशगूल करने में जफ़ा तुमसे।
काश मेरी चिता से भी जफ़ा की यार बू आए।।

मुझे ख्वाहिश है 'रघुवंशी' यूँ तेरे प्यार में टूटूँ।
कि तुमको एक नजर देखूं तो आंखों से लहू आए।।

# 32. क्यूँ उलझन में रहता हूँ मैं मुद्दतों से

क्यूँ उलझन में रहता हूँ मैं मुद्दतों से।
क्यूँ हर दर्द सहता हूं मैं मुद्दतों से।।

वफ़ा कीजिए पर न उम्मीद कीजै।
जमाने से कहता हूँ मैं मुद्दतों से।।

न तन्हाई का स्वांग मुझपे यूँ थोपो।
तेरे साथ रहता हूँ मैं मुद्दतों से।।

हजारों मछलियों का हूँ मैं बसेरा।
समंदर सा बहता हूँ मैं मुद्दतों से।।

मेरे जितना 'रघुवंशी' खुश कौन होगा।
अकेले में हंसता हूँ मैं मुद्दतों से।।

# 33. दाग लगा ऐसा दामन में जिसे ना धो पाए

दाग लगा ऐसा दामन में जिसे ना धो पाए।
नींद लूटी यूँ आंखों से फिर कभी न सो पाए।।

दर्द था आंखों में आंसू दिल में बेचैनी थी।
कितने हम बेबस थे कि खुलकर ना रो पाए।।

तुमसे हमने दिल का नाता जोड़ लिया जबसे।
गुजरी तन्हा उम्र किसी के ना हम हो पाए।।

दिल की जमीं हुई बंजर तुम छोड़ गईं जबसे।
उजड़ी फसल-ए-मुहब्बत जो फिर कभी न बो पाए।।

तेरी यादों के घर में 'रघुवंशी' रहता है।
खो कर भी हम तुमको दिल से कभी न खो पाए।।

# 34. मुझे याद आ रहा है तेरा रूठना मनाना

मुझे याद आ रहा है तेरा रूठना मनाना।
मुझको जला रहा है सावन का बरश जाना।।

चेहरा है सोनिका सा बादल से केश उनके।
बिजली सा गिराता है होंठों का मुस्कुराना।।

तेरे जैसे दोस्त हों गर दुश्मन की क्या जरूरत।
तुम दोस्त बन सके ना पर दुश्मनी निभाना।।

रग रग से तेरी वाकिफ हम हो चुके हैं देखो।
जो तुम छुपा न पाओ अच्छा नहीं बहाना।।

चलती हुई डगर पे दिखता नहीं किसी को।
रहता है उनके दिल में मेरा रोज आना जाना।।

अब हम तो लुट चुके हैं हमको फकीर समझो।
मेरी एक ही थी दौलत तेरे प्यार का खजाना।।

कब्जा वो करके दिल में कभी हाल तक न पूछा।
मत आप पूछिए अब हमको नहीं बताना।।

मेरा दिल मचल रहा है तेरा प्यार देखने को।
गर मैं जो रूठ जाऊं जरा प्यार से मनाना।।

कैसे हो आप आशिक़ कुछ हाल-ए-दिल तो समझो।
आता नहीं नजर क्या होंठों का कपकपाना।।

तेरी याद में ही निकले हर गीत ग़ज़ल दिल से।
महफ़िल में कभी खुद को जरा तुम भी गुनगुनाना।।

दिल की उदास महफ़िल कितना सुकून है अब।
है तुमसे एक गुज़ारिश मुझको न अब हंसना।।

मिलता है मुझे जो भी मेरे दिल से खेलता है।
मैं भूल गया था कि अच्छा नहीं जमाना।।

गम से नहीं है रिश्ता मेरा दूर दूर तक भी।
जो भी लिखा है मैंने वो है महज फसाना।।

साकी ने जब ये बोला दिल में उतर गई वो।
'रघुवंशी' नहीं अच्छा हर दिल से दिल लगाना।।

# 35. मैं तो हर दिल से निकली दुआओं में हूँ

मैं तो हर दिल से निकली दुआओं में हूँ।
मुझको महसूस कर मैं फिजाओं में हूँ।।

जिस्म मरता है पर मैं तो एहसास हूँ।
मैं हजारों दिलों की सदाओं में हूँ।।

रूह से टूट कर प्यार करते हैं जो।
प्रेम को उन तरसती निगाहों में हूँ।।

कुछ वजूद नहीं मेरा दुनिया में अब।
दर बदर मैं भटकती हवाओं में हूँ।।

मैं तो कदमों से कुचली हुई धूल हूँ।
हर घड़ी चलती फिरती मैं राहों में हूँ।।

कश्मकश दुनिया भर की समेटे हुए।
नयनों की मैं बरसती घटाओं में हूँ।।

ढूंढते हो कहाँ तुम बताओ मुझे।
देखिए मैं तुम्हारी ही बाहों में हूँ।।

क्या हूँ 'रघुवंशी' मैं क्या बताऊँ तुम्हें।
प्यार को मैं तरसती पनाहों में हूँ।।

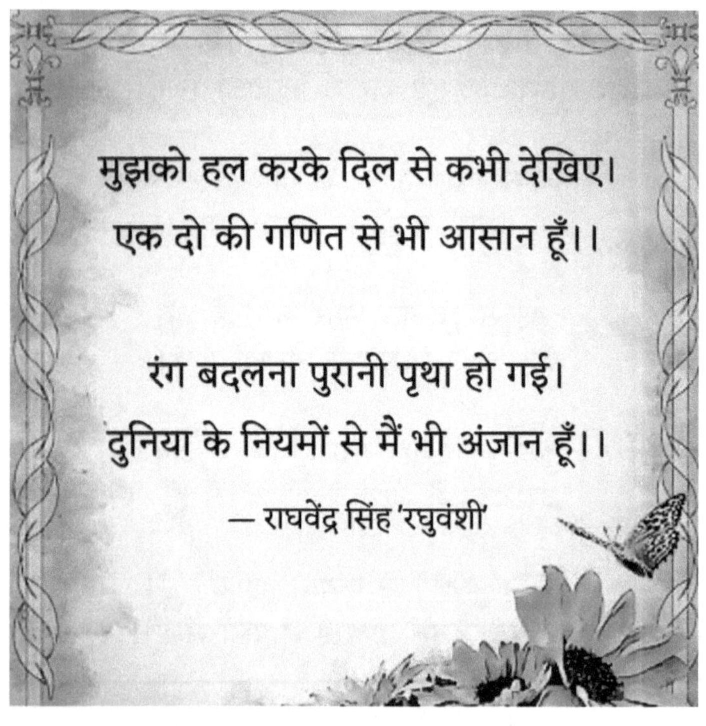

# 36. अकेले में बैठता हूं तो मुझे एहसास होता है

अकेले में बैठता हूं तो मुझे एहसास होता है।
दूर मुझसे तू होकर भी तुम मेरे पास होता है।।

कौन कहता है कि नजदीकियों से बनते हैं रिश्ते।
दूर रहकर भी जो रिश्ता रहे वह खास होता है।।

बताओ तुमने क्या जादू मेरे दिल में चलाया है।
मेरा दिल तन्हा मुझको छोड़ तेरे पास होता है।।

मुहब्बत की बीमारी जिसके दिल में बैठ जाती है।
चलता फिरता हुआ वो शख्स जिंदा लाश होता है।।

अदालत में बड़ा संगीन करते जुर्म हैं मुंसिफ।
मुकदमा प्यार का हो तो कहां इंसाफ होता है।।

भले ही कत्ल करने की सजा में हो रियायत पर।
प्यार का जुर्म 'रघुवंशी' कहां अब माफ होता है।।

# 37. एक मुद्दत से जिंदगी की मैं तलाश में हूं

एक मुद्दत से जिंदगी की मैं तलाश में हूं।
कभी तो दिल को मिलेगा सुकूँ इस आस में हूं।।

क्यूँ अनदेखा तू करती है बता दे मुझको।
ऐ मौत मुझसे भी कभी मिल मैं तेरे पास में हूं।।

एक दिन खाक में मिलना है ये सच्चाई है।
हूँ तो मैं खाक ही इंसान के लिबास में हूं।।

तू चाहे जैसे मेरे साथ खेल हक है तुझे।
ऐ जिंदगी में एक पत्ता तेरे ताश में हूं।।

मुझे मर जाने का अब गम नहीं है 'रघुवंशी'।
मैं तो अब लोगों के दिलों के एहसास में हूं।।

# 38. हसीनों की दिल्लगी से तौबा किया करो तुम

हसीनों की दिल्लगी से तौबा किया करो तुम।
बेवजह की खुशी से तौबा किया करो तुम।।

घिर जाओगे तुम एक दिन नफरत के अंधेरे से।
उल्फ़त की रौशनी से तौबा किया करो तुम।।

सेहत के लिए हरदम मीठा नहीं है अच्छा।
चाहत की चाशनी से तौबा किया करो तुम।।

ले लेगा जान कोई बन कर के जाँ तुम्हारी।
आँखों की तिशनगी से तौबा किया करो तुम।।

अब गम की सल्तनत के हम बादशाह ठहरे।
दुनिया में आशिक़ी से तौबा किया करो तुम।।

अच्छा नहीं जमाना ये लूट लेगा तुमको।
मेरे यार सादगी से तौबा किया करो तुम।।

दो दिन की जिंदगी में किसका गुमाँ करें हम।
'रघुवंशी' बेखुदी से तौबा किया करो तुम।।

# 39. नखरे की थी वो गुड़िया, छोरी वो कानपुर की

नखरे की थी वो गुड़िया छोरी वो कानपुर की।
थी वो जहर की पुड़िया गोरी वो कानपुर की।।

हम दोनों की मुहब्बत मशहूर हो गई थी।
हर एक जुबां पे था ये जोड़ी वो कानपुर की।।

तुझे देखते ही तेरे मैं रंग में रंग गया था।
है याद मुझे अब भी होली वो कानपुर की।।

है उम्र क्या हमारी जीना है बहुत हमको।
हमने दुआ सलामी छोड़ी वो कानपुर की।।

'रघुवंशी' जिससे दोनों के दिल बंधे हुए थे।
यारी की डोर हमने तोड़ी वो कानपुर की।।

# 40. दुनिया की दुनियादारी से हैरान हूँ

दुनिया की दुनियादारी से हैरान हूँ।
बेवजह जिंदगी से परेशान हूँ।।

रंग बदलना पुरानी पृथा हो गई।
मैं भी दुनिया के नियमों से अंजान हूँ।।

मुझको हल करके दिल से कभी देखिए।
एक दो की गणित से भी आसान हूँ।।

भेड़ की चाल में चलना आता नहीं।
छोटी हूँ पर अलग एक पहचान हूँ।।

दर्द होता नहीं पत्थरों को कभी।
सांस चलती है लेकिन मैं बेजान हूँ।।

# 41. कसम खा के न तोड़ा कीजिए, सर दर्द होता है

कसम खा के न तोड़ा कीजिए सर दर्द होता है।
जिसे पत्थर समझते हो वो छुपके मर्द रोता है।।

कि जिसकी आंखों में कोई छबीली आके बस जाए।
नहीं फिर उम्र भर वो सख्श सारी रात सोता है।।

गया है भूल कोई दिल से लगता है किसी को ये।
लिए दिल में वो यादों का बोझ हर वक्त ढोता है।।

अकेले बैठकर जो शख्स अक्सर मुस्कुराता है।
उसे पागल न समझो वो किसी के साथ होता है।।

उसी के घर मुहब्बत की है कंगाली जरा देखो।
रात दिन जो जमाने में प्यार का बीज बोता है।।

रकीबों कि मोहब्बत में वो फंसकर भूल बैठे हैं।
कि उनकी याद में हर पल कोई पलकें भिगोता है।।

कोई 'रघुवंशी' बतलाए ये कैसा मर्ज है मुझको।
क्यूँ मेरा दिल तुम्हें मुद्दत से गजलों में पिरोता है।।

# 42. कैसे बताएं कितनी तेरी याद आ रही है

कैसे बताएं कितनी तेरी याद आ रही है।
कैसे तुम्हें बताएं मेरी जान जा रही है।।

लगता है मौत को है मुझसे बहुत मुहब्बत।
मुझे कब से पास अपने छुपके बुला रही है।।

तुम मुझको छोड़ो आशिक है तेरा ये जमाना।
ग़ज़लों में दुनिया तुमको अब गुनगुना रही है।।

शबनम नहीं है गुलशन के गुल की हर कली में।
मेरे दर्द में कुदरत भी आँसू बहा रही है।।

घुट जाएगा मेरा दम 'रघुवंशी' उसे रोंको।
मेरी रूह साथ लेकर वो दूर जा रही है।।

# 43. न देखो इन निगाहों में, नहीं तो डूब जाओगे

न देखो इन निगाहों में नहीं तो डूब जाओगे।
न उतरो तुम सदाओं में नहीं तो डूब जाओगे।।

मुहब्बत करने का हमको तजुर्बा मुद्दतों का है।
न लो हमको यूँ बाहों में नहीं तो डूब जाओगे।।

प्यार के हैं बड़े गहरे समंदर उनकी गलियों में।
बचो उल्फ़त की राहों में नहीं तो डूब जाओगे।।

हसीनों की तो फितरत है देख कर मुस्कुरा देना।
न फिसलो इन अदाओं में नहीं तो डूब जाओगे।।

नशा हर सू है उल्फ़त का हसीनों का शहर है ये।
बचो रंगी फिजाओं से नहीं तो डूब जाओगे।।

डाल के जाल बैठे हैं शिकारी हर तरफ देखो।
करो पर्दा हवाओं से नहीं तो डूब जाओगे।।

बड़ी है बेवफा बारिश ये 'रघुवंशी' मुहब्बत की।
न भीगो इन घटाओं में नहीं तो डूब जाओगे।।

# 44. मेरा दिल जिस पे आया था, वो गोरी कानपुर की थी

मेरा दिल जिस पे आया था वो गोरी कानपुर की थी।
मैं दिल जिसको दे आया था वो गोरी कानपुर की थी।।

शहर रंगीन है दिलकश नजारे हर गली में हैं।
मैं जिससे मुस्कुराया था वो गोरी कानपुर की थी।।

जिसे मैं गुनगुनाता हूं जिसे मंचों से गाता हूं।
जिसे दिल में बिठाया था वो गोरी कानपुर की थी।।

जिसे आहट में सुनता हूँ मैं जिसके ख्वाब बुनता हूँ।
मैं जिससे धोखा खाया था वो गोरी कानपुर की थी।।

जिसे 'रघुवंशी' हर सू आज भी महसूस करता हूं।
जो चेहरा मुझको भाया था वो गोरी कानपुर की थी।।

# 45. भावना के समंदर में हम बह गए

भावना के समंदर में हम बह गए।
जो न कहना था गजलों में वो कह गए।।

दिल के तहखाने में उसने हमको रखा।
उम्र भर तन्हा दुनिया में हम रह गए।।

फिर से वह बात हमसे न तुम पूछिए।
किस तरह से तेरा दर्द हम सह गए।।

रूह के जख्म तो दुःखते हैं आज भी।
जिस्म के दर्द अश्कों के संग बह गए।।

खंडहर में खुशी के उजाले कहां।
दिल के अरमां के सारे महल ढह गए।।

# 46. न कीजै साथ तुम मेरा

न कीजै साथ तुम मेरा जहां में मैं अवारा हूं।
न कीजै आसरा मेरा मैं तो खुद बेसहारा हूँ।।

गुजारिश है मेरी उलझन न सुलझाने में तुम उलझो।
सम्हालोगे मुझे कैसे मैं तकदीर का मारा हूं।।

नहीं आसान है मिलना मेरे जख्मों का मरहम अब।
समेटोगे मुझे कैसे मैं टूटा एक तारा हूं।।

बेवजहा फिक्र करते हो तुम्हारी सल्तनत हूं मैं।
कि जब मन हो चले आना हमेशा मैं तुम्हारा हूं।।

मिली नदियां हजारों पर असर मेरा नहीं जाता।
बुझेगी प्यास न मुझसे समंदर सा मैं खारा हूं।।

# 47. मुझे जो याद आती है, छबीली कानपुर की है

मुझे जो याद आती है छबीली कानपुर की है।
जो मुझको यूं रुलाती है छबीली कानपुर की है।।

मेरा क्या रिश्ता है उससे नहीं मालूम है लेकिन।
मेरे दिल को जो भाती है छबीली कानपुर की है।।

गजल और गीत बनके जो मेरी जानिब से बहती है।
जो यूं लिखना सिखाती है छबीली कानपुर की है।।

मैं जिसकी सांसों की गर्मी अब भी महसूस करता हूं।
जो दिल में आती जाती है छबीली कानपुर की है।।

सुकूँ दिल का नींद आँखों की मेरी छीन ली जिसने।
जो मेरा दिल दुखाती है छबीली कानपुर की है।।

बड़ी खामोशी से दुनिया जहां की नजरों से छुपके।
जो मुझको गुनगुनाती है छबीली कानपुर की है।।

जिगर को मेरे 'रघुवंशी' करारा दर्द देकर के।
जो अक्सर मुस्कुराती है छबीली कानपुर की है।।

# 48. है कोई मेरे गम में रोने वाला इस जमाने में

है कोई मेरे गम में रोने वाला इस जमाने में।
हकीकत में तो नामुमकिन है मुमकिन है फसाने में।।

वफादारी बहुत है जानलेवा दोस्ती में अब।
बड़ी दिलचस्पी है लोगों को मेरा घर जलाने में।।

मुझे कितनी मुहब्बत है बताऊं मैं उसे कैसे।
मैं खुद से रूठ जाता हूँ उसे अक्सर मनाने में।।

सिमट जाती है जिस्मों तक मुहब्बत आजकल की ये।
कहाँ अब दिल से होती है मुहब्बत इस जमाने में।।

नहीं इतनी भी अच्छी है मुहब्बत नफरतों से सुन।
बिछड़ बैठा हूँ मैं खुद से महज एक तुमको पाने में।।

वफ़ा मैं कर नहीं पाया किसी का बन नहीं पाया।
जफागर बन गया तुमसे वफ़ाएं मैं निभाने में।।

जमाने की मैं फितरत तुमको क्या बतलाऊँ रघुवंशी।
तमाशा बन गया मेरा जखम दिल के दिखाने में।।

# 49. खुले हैं दिल के दरवाजे

खुले हैं दिल के दरवाजे ये किसकी इंतजारी है।
नहीं अच्छा लगे कुछ भी मुझे कैसी बीमारी है।।

कहीं मर्ज-ए-मुहब्बत मुझको भी तो है नहीं देखो।
जिगर में तीर सा चुभता है कैसी बेकरारी है।।

नजर नजरों से मिलते ही कलेजा चीर देती है।
न उसके सामने जाना नजर उसकी कटारी है।।

मैं उसके सामने आते ही कब्जे में हुआ उसके।
वो भोली शक्ल की लड़की बड़ी शातिर शिकारी है।।

असर करती नहीं साकी जमाने की कोई भी मय।
आज भी मेरे दिल में तेरी चाहत की खुमारी है।।

# 50. आ जाओ लौट के तुम

आ जाओ लौट के तुम मेरा दिल ये बुलाता है।
तेरे प्यार का फसाना दुनिया को सुनाता है।।

उंगली पकड़ के जिसको हमने सिखाया चलना।
गैरों से मशवरा ले हमको वो सिखाता है।।

बंदूक की जरूरत उनको है क्या बताओ।
नजरों से अपनी हर पल गोली जो चलाता है।।

रोशन किया था हमने जिसको उजाला बनके।
करने को रोशनी वो मेरे दिल को जलाता है।।

मेरे सामने वो मेरी करता है बहुत इज्जत।
कमियों को मेरी पर वो गैरों से बताता है।।

# 51. किसी के दिल को देकर दर्द

किसी के दिल को देकर दर्द फिर छेड़ा नहीं करते।
वफ़ा करके वफाओं का सिला मांगा नहीं करते।।

मेरी जाँ दिल में तेरे हम बता क्या खाक आएंगे।
बुलाए बिन किसी के घर भी हम जाया नहीं करते।।

जरूरत क्या है मेरे जिस्म के जख्मों को मरहम की।
हम तो दर्द-ए-जिगर की भी दवा खाया नहीं करते।।

मेरी खामोशियों से न मेरे तुम इश्क़ को आंको।
मुहब्बत कर मुहब्बत का ढोल पीटा नहीं करते।।

शौक हमको नहीं मशहूर होने का जमाने में।
कहानी में किसी की बेवजह कूदा नहीं करते।।

तेरे हम चाहने वाले हैं खुद पे नाज कीजै तुम।
यूँ ही सबको गजल में ढाल के गाया नहीं करते।।

नहीं पल-पल बदलना है मेरी फितरत में तुम सुन लो।
जरा में गम जरा में खुशियों से फूला नहीं करते।।

बही खाते के हम भी हैं बहुत पक्के मगर फिर भी।
हिसाब-ए-दर्द हम उल्फ़त में उसूला नहीं करते।।

बड़े तक़दीर वाले हो गुमाँ कीजै मुकद्दर पर।
सभी अपनी मुकद्दर में हमें पाया नहीं करते।।

फिकर जिसको न हो तेरी उसे दिल से हटा देना।
मोहब्बत हर किसी पर अपनी यूँ जाया नहीं करते।।

लाख हमको बीमारी हो भूल जाने की 'रघुवंशी'।
मगर प्यार किसी का हम कभी भूला नहीं करते।।

# 52. चार पल प्यार बेहिसाब दे गया कोई

चार पल प्यार बेहिसाब दे गया कोई।
अपना बन एक हसीन ख्वाब दे गया कोई।।

उसे मालूम था पढ़ना पसंद है मुझको।
दर्द-ओ-गम की मुझे किताब दे गया कोई।।

उसकी उल्फत की तिश्नगी थी जिगर में मेरे।
पीने को जहर की शराब दे गया कोई।।

हम तो अनजान थे रस्म-ओ-रिवाज-ए-दुनिया से।
बेवफा का मुझे खिताब दे गया कोई।।

रूह तक जख्मी है जिस्म-ओ-जिगर को तुम छोड़ो।
मुस्कुराहट का एक हिजाब दे गया कोई।।

अब कहां हमको जरूरत है शम-ए-खुशियों की।
गम-ए-उल्फत का यूँ मेहताब दे गया कोई।।

हम थे अनजान शेर-ओ-शायरी से 'रघुवंशी'।
एक आदत मुझे खराब दे गया कोई।।

# 53. मेरी जिंदगी की कश्ती, अब है तेरे हवाले

मेरी जिंदगी की कश्ती अब है तेरे हवाले।
मैं डूब रहा हूँ तू आकर मुझे बचा ले।।

कब से सुलग रहा हूँ उल्फत की तिश्नगी में।
गर बुझ सके न दिल की कोई आग ही लगा दे।।

मेरा हाँथ थाम लो तुम मुझे डर सा लग रहा है।
कोई दूसरी लहर न आकर मुझे बहा ले।।

सैलाब से अश्कों के फट जाए न कलेजा।
बस एक दफा तू आकर जी भर मुझे रुला दे।।

झल्ला के आज खुद से दिन भर तुझे है सोचा।
ठण्डे से पड़ गए थे यादों के तेरे छाले।।

यादों में तेरी घुट घुट पल पल मैं मर रहा हूँ।
होने को ठीक मुझको कोई जहर की दवा दे।।

ऐ मौत! आस छोड़ी 'रघुवंशी' ने जहां से।
है दिल की तमन्ना तू आकर हमें सम्हाले।।

# गीत संग्रह

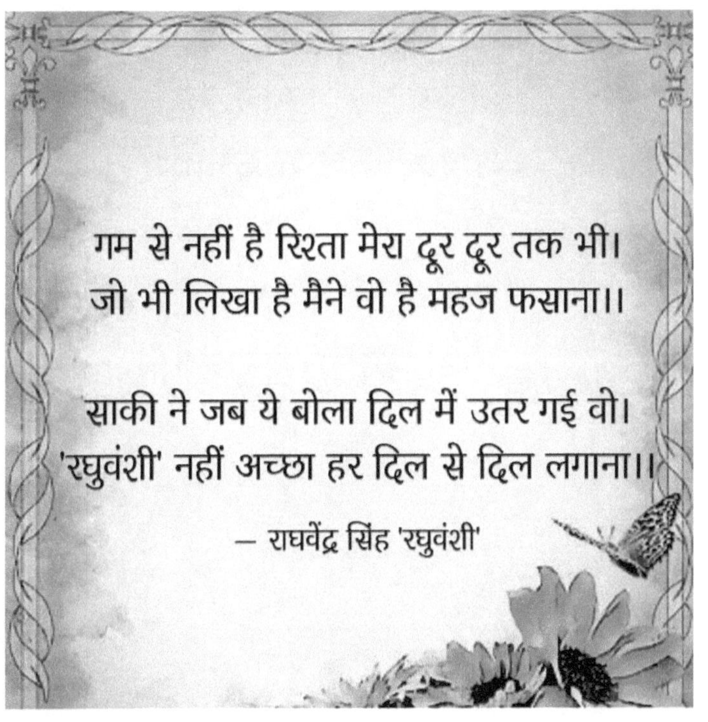

गम से नहीं है रिश्ता मेरा दूर दूर तक भी।
जो भी लिखा है मैंने वो है महज फसाना।।

साकी ने जब ये बोला दिल में उतर गई वो।
'रघुवंशी' नहीं अच्छा हर दिल से दिल लगाना।।

— राघवेंद्र सिंह 'रघुवंशी'

चेहरा है सोनिका सा,
बादल से केश उनके।

बिजली सा गिराता है,
होंठों का मुस्कुराना।।

— राघवेंद्र सिंह 'रघुवंशी'

# 54. और तुम्हें याद करके हमसे अब, रोया न जाएगा

और तुम्हें याद करके हमसे अब रोया न जाएगा
अब तेरी याद में पलकों को भिगोया न जाएगा..

हमने तेरी याद में एक उम्र गवां दी देखो
अब हैं बेरंग मेरी होली दिवाली देखो
हम तुम्हें लिख के हजारों दिलों में बसने लगे
एक दिन याद में मेरी तुमसे भी सोया ना जाएगा
और तुम्हें याद करके हमसे अब रोया न जाएगा...

जब से तेरे प्यार की तमन्ना जेहन में पाली
तब से हमने गमों की एक सल्तनत पा ली
अब तो ख्वाहिश है किसी भी तरह भुला दे तुम्हें
हमसे तेरी यादों का अब हार पिरोया न जाएगा
और तुम्हें याद करके हमसे अब रोया न जाएगा...

दिल के जब दर्द के दरिया में लहर उठती है
ऐसे लगता है जैसे जाँ मेरी निकलती है
सांस रुक जाती है थम जाती है धड़कन मेरी
अब तेरे सपनों का घर बोर संजोया ना जाएगा
और तुम्हें याद करके हमसे अब रोया न जाएगा...

# 55. किस हाल में हूं जिंदा,पूछो ना मेरे दिल से

किस हाल में हूं जिंदा,पूछो ना मेरे दिल से
मैं कत्ल हो गया हूं , ठोढ़ी के तेरे तिल से...

एक पल दूर नहीं तुम मुझसे , तुम मुझमें रहते हो
मुझमें तुम सांसे बनकर आते जाते रहते हो

कितना हूं अब मैं तन्हा , यादों से तेरी घिर के
मैं कत्ल हो गया हूं , ठोढ़ी के तेरे तिल से...

तुम भी मुझसे कभी प्यार से , प्यार के बोल दो बोलो
मेरे दिल की उलझन की तुम , गुत्थी आओ खोलो

कभी हम सम्हल न पाए, प्यार में तेरे गिर के
मैं कत्ल हो गया हूं , ठोढ़ी के तेरे तिल से...

एक झलक तेरी सदियों जीने का एहसास दिलाए
बिछड़ रही मेरी सांसे आजा तुझको पास बुलाए

आओ तुम एक दफा यूँ जाना न दूर फिर से
मैं कत्ल हो गया हूं , ठोढ़ी के तेरे तिल से...

# 56. तुम भूल गई मुझको, मैं तुम्हें भूल नहीं पाया

तुम भूल गई मुझको मैं तुम्हें भूल नहीं पाया,
तुमको ही ढाल के गीत ग़ज़ल में मंचों से गाया।
किसी और की दुल्हन बनके तुम छोड़ गई मुझको,
पर मैं तो और किसी का हो भी नहीं पाया।।
तुम भूल गई मुझको मैं तुम्हें भूल नहीं पाया..

कितना आसान बदलना मुश्किल एक सा रहना है,
आसान इश्क़ नहीं है जितना असान कहना है।
मैं समझ गया दुनिया को ठोकर है लगी जबसे,
नहीं कोई शिकायत तुमसे हर ग़म हँसके सहना है।।
मेलों व महफ़िलों में भी तन्हा खुद को पाया,
तुम भूल गई मुझको मैं तुम्हें भूल नहीं पाया...

मोहब्बत न कोई करना मैं सबसे यही कहता हूँ,
जबसे की मैंने मोहब्बत में गुमशुम सा रहता हूँ।
ये बड़ी मोहब्बत क़ातिल हर पल तड़पाती है,
मैं दर्दोसितम को दिलबर के हँसके सहता रहता हूँ।।
जब जब मैंने कुछ सोचा तेरा खयाल आया,
तुम भूल गई मुझको मैं तुम्हें भूल नहीं पाया...

# 57. मैं समंदर महज रेत का

मैं समंदर महज रेत का जिंदगी मेरी अब कुछ नहीं
उसने लूटा मुझे इस कदर दिल में कोई खुशी अब नहीं

एक पाने की जिद में तुम्हें हम तो खुद से जुदा हो गए
दिल का चैन-ओ-सुकूँ छीनकर तुम हमारे खुदा हो गए
इस तरह हादसे कुछ हुए जिंदगी से ही जी भर गया
एक पल में तुम्हें याद कर मैं हजारों दफा मर गया

देखता हूँ जब हाल-ए-जहां ऐसा लगता है कि रब नहीं
मैं समंदर महज रेत का जिंदगी मेरी अब कुछ नहीं..

तेरा दीदार जबसे हुआ तिश्नगी नजरों की बढ़ गई
पागलों सा मेरा हाल है जबसे तुमसे नजर लड़ गई
एक पल में मसल तुम गईं फूल से मेरे जज्बात को
चौंक जाते हैं हम नींद में याद करके तुम्हें रात को

लेकर आया मुझे जो यहां उसको ही ये खबर तक नहीं
मैं समंदर महज रेत का जिंदगी मेरी अब कुछ नहीं..

# 58. एक दफा फिर से मेरे दिल में

दिल दुखाने के बहाने सही मगर फिर से,
छोड़ जाने के लिए ही सही मगर फिर से,
एक दफा फिर से मेरे दिल में कभी आओ तुम..


दर्द को मेरे बढ़ाने सही मगर फिर से,
अश्कों को मेरे बहाने सही मगर फिर से,
गलतियां मेरी बताने सही मगर फिर से,
कश्तियाँ मेरी डुबाने सही मगर फिर से,
एक दफा शहर ए दिल को फिर मेरे बसाओ तुम
एक दफा फिर से मेरे दिल में कभी आओ तुम..


सजा ए इश्क सुनाने सही मगर फिर से,
दिल में मेरे आग लगाने सही मगर फिर से,
गीतों को मेरे जलाने सही मगर फिर से,
जख्म दे मुझको रुलाने सही मगर फिर से,
एक दफा फिर से मेरे गीत गुनगुनाओ तुम
एक दफा फिर से मेरे दिल में कभी आओ तुम...

# 59. देहरी पर खड़ी बाहर मौत दस्तक दे रही है

देहरी पर खड़ी बाहर मौत दस्तक दे रही है
गले में उसको लगाऊं या मैं उसको मात दूं
दुनिया में गम बहुत है ये मेरा गम कुछ भी नहीं है
हॉट खुशियों का मिले तो खरीद कर मैं बांट दूं

हर तरफ है मौत मातम लाशें ओ चित्कार है,
देखिए हर दूसरा यहां इश्क़ में बेज़ार है,
दिल में है जो बेकसी का गीत वो कैसे लिखूं,
दिल ही जब बीमार है तो ठीक मैं कैसे दिखूं,

अपने ही मेरा क़त्ल करने के लिए बेचैन हैं,
उनकी खुशियों के लिए क्या मैं भी उनका साथ दूं।
देहरी पर खड़ी बाहर मौत दस्तक दे रही है,
गले में उसको लगाऊं या मैं उसको मात दूं...

ख्वाहिशें उनकी मुकम्मल हों दुआ करता हूँ मैं,
क़त्ल में मेरे चोट उनको न लगे डरता हूँ मैं,
जो मिटाने के लिए मेरी हस्ती साजिश रच रहे हैं,
मैं दिल-ओ-जाँ से आज भी उनपे ही मरता हूँ मैं,

दुनिया में मेरी मौत का इल्जाम न उनपे लगे,
इसलिए मैं जिंदगी की डोर खुद ही काट दूँ,
देहरी पर खड़ी बाहर मौत दस्तक दे रही है,
गले मैं उसको लगाऊं या मैं उसको मात दूँ...

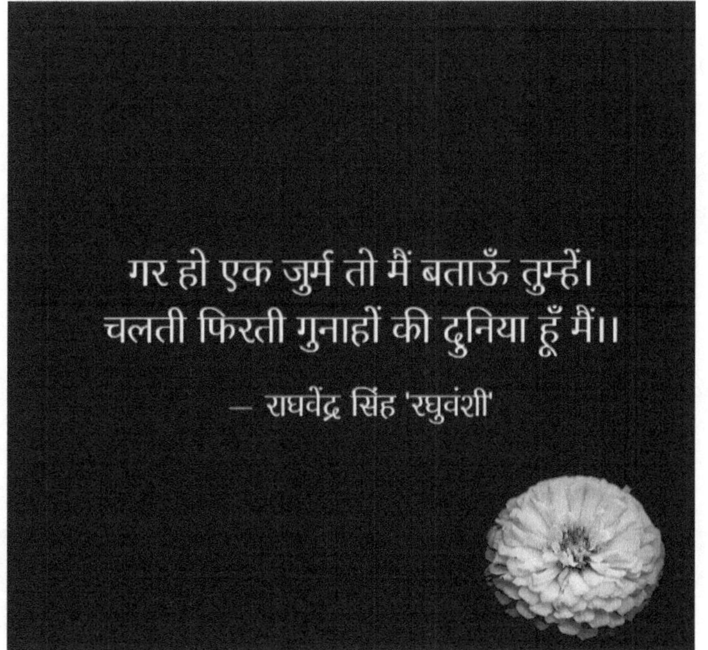

# 60. एक बेवफा से मुझे प्यार हो गया

मुझे इश्क हो गया बड़ा रिश्क हो गया,
मानो या ना मानो मेरा दिल खो गया,
एक बेवफा से मुझे प्यार हो गया...

जख्म जो तुमने दिए दिल को,
मैंने खुद उनको सियां है।
याद में तेरी जानेजाना,
गम के जहर को पिया है..
दिल तेरा हो गया जाने कहां खो गया,
सीने से कब मेरा दिल फरार हो गया,
एक बेवफा से मुझे प्यार हो गया...

इश्क़ जो तुमसे कर डाला,
हो गया गड़बड़ घोटाला।
प्यार तुम्हारा पाने खातिर,
क़त्ल खुद का मैंने कर डाला।।
तुम जो मुझे मिल गए मैं मालामाल हो गया,
तुझे प्यार क्या किया साला बवाल हो गया,
रघुवंशी का दिल बेकरार हो गया,
एक बेवफा से मुझको प्यार हो गया....

# 61. बेवफाओं से दिल मत लगाना

बेवफाओं से दिल मत लगाना,
है यही इल्तजा मेरी सबसे,
बेवफाओं से दिल मत लगाना,
है यही इल्तजा मेरी सबसे


बेकरारी में जीते हैं हर पल,
प्यार तुमसे किया मैंने जब से
बेकरारी में जीते हैं हर पल,
प्यार तुमसे किया मैंने जब से


दुनिया छोड़ के मैं जा रहा हूं
ये जुदाई सही अब न जाए
दुनिया छोड़ के मैं जा रहा हूं
ये जुदाई सही अब न जाए
तुमसा आशिक मिले ना किसी को
तुमसा आशिक मिले ना किसी को
है यही बस दुआ मेरी रब से
बेवफाओं से दिल मत लगाना,
है यही इल्तजा मेरी सबसे

बेकरारी में जीते हैं हर पल,
प्यार तुमसे किया मैंने जब से...

जितना मैं हूं तड़पता तेरे बिन
तड़पना तुमको भी उतना होगा
जितना मैं हूं तड़पता तेरे बिन
तड़पना तुमको भी उतना होगा
हद से ज्यादा न तुम इश्क करना
हद से ज्यादा न तुम इश्क करना
कहता हूं मैं यही बात सबसे
कहता हूं मैं यही बात सबसे..
बेवफाओं से दिल मत लगाना,
है यही इल्तजा मेरी सबसे
बेकरारी में जीते हैं हर पल,
प्यार तुमसे किया मैंने जब से...

क़त्ल करने को रघुवंशी का अब
भेजते रहते हैं वो रकीब..2x
क़त्ल कर दो कोई अब हमारा-2
मौत की ख्वाहिश है हमको कब से-2
बेवफाओं से दिल मत लगाना,
है यही इल्तजा मेरी सबसे
बेकरारी में जीते हैं हर पल,
प्यार तुमसे किया मैंने जब से...

# 62. नहीं कोई मेल हमारा तुम्हारा

नहीं कोई मेल हमारा तुम्हारा,
तुम महलों की रानी मैं हूं एक आवारा,
नहीं कोई मेल हमारा तुम्हारा...


नहीं गैरों ने हमको अपनों ने मारा,
नहीं नाम मैं ले रहा हूँ तुम्हारा।
मुझे आईना जिंदगी का दिखाया,
सही मायने में है जीना सिखाया।।
है सारा का सारा गुनाह ये हमारा,
नहीं कोई मेल हमारा तुम्हारा...


मेरे गीत गज़लों में तुम हो समाई,
जहाँ भर में बस एक तू ही मुझको भायी।
हुई शाम ज्यों तुमने जुल्फ़ें बिखेरी,
मैं शायर तुम्हारा गज़ल हो तुम मेरी।।
था शायद बड़ा सबसे भ्रम वो हमारा,
नहीं कोई मेल हमारा तुम्हारा...

# 63. कभी प्यार किया था हमने भी

कभी प्यार किया था हमने भी लेकिन हम निभा नहीं पाए,
जाना था उनके दिन तक पर अफसोस नहीं हम जा पाए...


मैं जुर्म कुबूल कर रहा हूं मैं मुजरिम हूं तेरा सुन ले,
मुझमें गर लाख बुराई हैं तो तू कोई अच्छा चुन ले,
मैं एक आवारा शायर हूं है अपना नहीं वजूद मेरा,
जो भी लिखता हूं तुमको ही ग़ज़लों में भी कुछ नहीं मेरा,
हम लिखते रहे दर्द-ए-दिल अपना तुमसे नहीं बता पाए,
कभी प्यार किया था हमने भी लेकिन हम निभा नहीं
पाए...


तू नज्म मेरी तू गीत मेरा तू गजल शायरी है मेरी,
जिसमें तुमको मैं लिखता हूं तू वही डायरी है मेरी,
तकलीफ में होना अगर कभी बेझिझक याद मुझे कर लेना,
अपना न सही तो गैर समझकर एक कॉल मुझे कर लेना,
तुम रूह मेरी कविताओं की पर हक तुझपे न जता पाए,
कभी प्यार किया था हमने भी लेकिन हम निभा नहीं
पाए...

# शायरी संग्रह

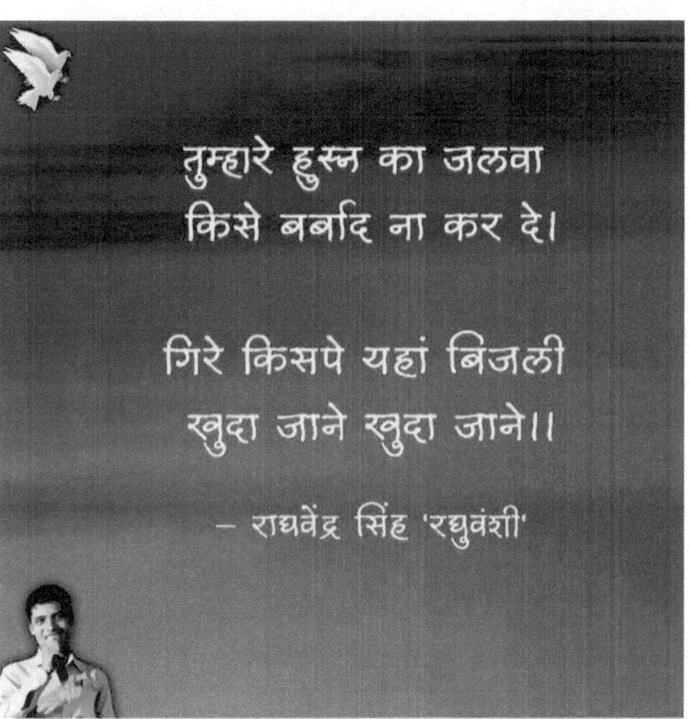

तुम्हारे हुस्न का जलवा
किसे बर्बाद ना कर दे।

गिरे किसपे यहां बिजली
खुदा जाने खुदा जाने।।

– राघवेंद्र सिंह 'रघुवंशी'

फिर तुम्हारे शहर से गुजर जाएंगे।
जीते जी एक दफा फिर से मर जाएंगे।।
हफ्तों हमको नजर कुछ न आएगा यूँ।
कोहरे से प्यार के तेरे घिर जाएंगे।।

— राघवेंद्र सिंह 'रघुवंशी'

# 64. शायरी संग्रह

यूँ ही लफ़्ज़ों में अपने धार नहीं पाए हैं।
न जाने कितने पत्थरों से चोट खाए हैं।।
क्या बताएं कि कैसे उम्र कटी है मेरी।
उम्रभर हम किसी के प्यार के सताए हैं।।

******

मिलते-जुलते रहो सबसे उम्मीद बिन।
अब कोई दुनिया में अपना होता नहीं।।
दूसरों की यहां बात क्या मैं करूँ।
मैं तो खुद दर्द में अपने रोता नहीं।।

******

एक दिन दर्द से इतना भर जाएंगे।
हम तुम्हें याद करते ही मर जाएंगे।।
हाल देखेगा जब ये जमाना मेरा।
दुनिया वाले मोहब्बत से डर जाएंगे।।

******

अब अकेला हर एक आदमी हो गया।
भाईचारा न जाने कहाँ खो गया।।
चलती फिरती हैं लाशें जमाने में अब।
आदमी से अब इंसान गुम हो गया।।

******

दिल में एक दर्द तुम्हारा लिए भटकते हैं।
अब तो हम दुनियाभर की आँखों में खटकते हैं।।
याद जब अपनी मुहब्बत का दौर आता है।
फिर मेरी आँखों के आंसू नहीं सम्हलते हैं।।

******

न तो जी हम सके न तो मर हम सके।
याद में हम किसी की तड़पते रहे।।
अपने दिल का सुकूँ खो के रघुवंशी हम।
आग में हम जुदाई की तपते रहे।।

******

उम्र भर दरबदर हम भटकते रहे।
ना तो मंजिल मिली न सुकूँ मिल सका।।
कहते हैं एक रोज सुनता है रब दुआ।
ना मिली मौत हमको ना तू मिल सका।।

राघवेंद्र सिंह 'रघुवंशी'

किसी के नाम का मिसरा।
किसी के नाम से निकला।।
किसी को कर गया जख्मी।
किसी की याद का मिसरा।।

******

खेतों में फल-ओ-फूल की बगिया लगाएंगे।
आ मिल के दोनों साथ में बकरी चराएंगे।।
हम दोनों लगाएंगे मिलके शाक सब्जियां।
मिल बाँट के हम साथ में बरिहा निराएंगे।।

******

आप अपनी मुझे जागीर समझ सकती हो।
आप खुद को मेरी तकदीर समझ सकती हो।।
आपको छोड़ दूं तो पास मेरे कुछ भी नहीं।
अपने दर का मुझे फकीर समझ सकती हो।।

******

अपने ही घर में अब हम पाहूना हुए।
फिर शहर हम कमाने रवाना हुए।।
चार दिन जो रुके अपने हम गांव में।
ऐसा लगता है जैसे जमाना हुए।।

इश्क है खुदखुशी

******

अपने घर की हमें खोखटें खा गई।
जब तलक हम सम्हलते मौत आ गई।।
एक लड़की को हमने बहुत चाहा पर।
दुनिया भ्रम है हमें वो ये समझा गई।।


******


न कत्ल किश्तों में मेरा कीजै।
मुझे एक दफा में मार दीजै।।
मेरे लिए दिल में जो रखे हो।
सरेआम इंतकाम लीजै।।


******


तुम मिले तो मुझे जिंदगी मिल गई।
जैसे सारे जहां की खुशी मिल गई।।
देखते ही तुम्हें मुझको ऐसा लगा।
जैसे मेरे लबों की हंसी मिल गई।।


******


दिल के चिथड़ों को मैंने सिला ही नहीं।
प्यार का दिल में जब सिलसिला ही नहीं।।
कैसा है ये मुकद्दर मेरा देखिए।
जिसको चाहा वो मुझको मिला ही नहीं।।

टूट कर काँच जैसे बिखर जाएंगे।
लिखते लिखते हम एक रोज मर जाएंगे।।
गम न तुम कीजियेगा मेरे जाने का।
तुमको हम अपनी ग़जलों में गढ़ जाएंगे।।

******

जो नए होते हैं उन्हें प्यार लुभाता है बहुत।
चार दिन खुशियों का एहसास दिलाता है बहुत।।
जिसको हम अपनी सारी दुनिया मान लेते हैं।
खून के आंसू वही शख्स रुलाता है बहुत।।

******

फिरसे तुम लौट के दिल में आओ कभी।
मेरे गीतों में तुम खुद को गाओ कभी।।
तुम गले में मेरे बाहों को डालकर।
एक मुद्दत को फिर भूल जाओ कभी।।

******

दिल मेरा सख्त है तोड़कर देखिए
मैं बिखर जाऊंगा छोड़कर देखिए
खुशियों का तुम ठिकाना भूल जाओगे
दिल का रिश्ता कहीं जोड़कर देखिए

कविता गजल गीत शायरी मैं लिखता हूं।
राघवेंद्र सिंह रघुवंशी अपना नाम लिखता हूं।।
दुनिया में अपनी हैसियत क्या तुमको बताएं।
लिक्खा हूँ किताबों में बाजारों में बिकता हूं।।

******

भावनाओं के बिन जिंदगी कुछ नहीं।
भाव मन में ना हो तो खुशी कुछ नहीं।।
जिंदा होने का एहसास है भावना।
भावना के बिना आदमी कुछ नहीं।।

******

दर्द अब तो इतना जार जार है।
जिंदगी में गम की अब बहार है।।
जीते जीते भर गया है जी मेरा।
मौत का हमें तो इंतजार है।।

******

क्या बताएं अब क्या हाल है मेरा।
देखते ही मुझको मौत रो पड़ी।।
इतनी खुशियां क्यूँ तू दे गया मुझे।
आंसुओं की टूटती नहीं झड़ी।।

******

हमपे क्या गुजरती है क्या बताएं।
जख्म-ए-रूह तुमको कैसे दिखाएं।।
दिल मेरा तो जख्म जख्म हो गया।
इसको अब बताओ कैसे हंसाएं।।

******

राहभर खुशियों के गीत गाते चलो।
मन में जो है उसे गुनगुनाते चलो।।
खत्म हो जाए कब ये सफर दोस्तों।
प्यार अपना सभी पे लुटाते चलो।

******

कोई हमारा न हम किसी के ये सारी दुनिया है एक
छलावा।
जो मुझसे मेरी जबां में करते हैं बात मीठी है वो दिखावा।।
करें गुमाँ भी तो किस बात पे नहीं जोर सांसो पे भी खुद
की।
छोड़ के जाना पड़ेगा सब कुछ मौत का जब आएगा
बुलावा।।

******

# मुक्त आशआर

वक्त हमारा भी कभी बदलेगा।
दिलों के बादशाह हम भी होंगें।।
आज एक दिल में जगह पा न सके।
कल हज़ारों दिलों में हम होंगें।।
— राघवेंद्र सिंह 'रघुवंशी

मर गए लोग वो इश्क जिनको हुआ।
जो हैं जिंदा वो मरने को तैयार हैं।।

— राघवेंद्र सिंह 'रघुवंशी'

# 65. मुक्त आशआर

कोई कत्ल हो रहा है मासूम अदाओं से।
कोई कत्ल कर रहा है खंजर सी निगाहों से।।

*****

रग रग में जहर मुहब्बत का,भर गया नहीं अब दवा कोई।
मुझे अब तो सिर्फ बचा सकती है,दिल से निकली दुआ
कोई।।

*****

गैरों से कौन जमाने में वफ़ा करता है।
भला दुश्मन के लिए कौन दुआ करता है।।

*****

भले मुझे अच्छा कवि शायर समझ लो।
मगर इंसान अच्छा मत समझिए।।

*****

हर वक्त मयस्सर हो गर किसी के वास्ते।
समझो कि आप की मियाद खत्म हो गई।।

*****

इतनी भी ऊंची नाक का होना नहीं अच्छा।
हर जगह कटने के सिवा कोई हल न हो जिसका।।

*****

हम से ज्यादा किसे अफसोस होगा जीने का।
उम्रभर संग जो रहा उम्रभर वो मिल न सका।।

*****

काश मेरी बेबसी समझता कोई।
किसी से हम भी दिल की कह पाते।।

*****

कभी शाम-ओ-सहर मेरे लिए सजता सँवरता था।
अब वही चांद देखो गैर की छत पर चमकता है।।

*****

कहीं एक चांद अपनी छत से हमको तक रहा होगा।
क्या मंजर होगा जब एक साथ दो चांद दिखे होंगे।।

*****

तुम्हारे हुस्न का जलवा किसे बर्बाद ना कर दे।
गिरे किसपे यहां बिजली खुदा जाने खुदा जाने।।

*****

भावना में जो बहके फैसला ले लेते हैं।
पतन की समझो एक सीढ़ी वो चढ़ लेते हैं।।

*****

इतनी भी ऊंची नाक का होना नहीं अच्छा।
हर जगह कटने के सिवा कोई हल न हो जिसका।।

*****

रखते हैं जो बुजुर्गों की सलाह ताक पर।
मुमकिन नहीं हर पग में न ठोकर लगे उनको।।

*****

है होड़ जरूरी मगर इतनी भी नहीं किे।
हम भूल जाएं जीना एक इंसान की तरह।।

*****

हार जाना कुछ एक जगह शौक है मेरा।
कौन दुनिया में हर एक जंग भला जीता है।।

*****

जो शब्द निकलते हैं आपकी जबान से।
कैसे हो आप आपका परिचय वो जानिए।।

*****

गर जो इंसानियत न सिखाए हमें।
ऐसी शिक्षा का फिर कोई मतलब नहीं।।

*****

काम क्रोध मद मोह लोभ की मार बड़ी घातक है।
अगर उठी चिंगारी तो फिर भीषण आग लगेगी।।

*****

हजारों दीप दिवाली में जलते हैं घरों में पर।
मन में जब झांक के देखा वहाँ अब भी अंधेरा है।।

*****

जलाएं दीप एक ऐसा अंधेरा मन का मिट जाए।
करें कुछ ऐसा जिससे मन के अंदर भी दिवाली हो।।

*****

हमने घर में जलाए दीप पर मन में अंधेरा है।
है बाहर राम पर अंदर से रावण का बसेरा है।।

*****

है बाहर जगमगाते दीपकों की लड़ियों से उज्जवल।
मगर इंसान के दिल में अंधेरा ही अंधेरा है।।

*****

हमने कब जिद कोई तुमसे की है बता।
बस तुम्हें प्यार करना है मेरी खता।।

*****

मेरे दिल में नहीं अब है काबू मेरा।
चल गया जबसे नजरों का जादू तेरा।।

*****

दिल का मैं दर्द अपना लिखूं कैसे अब।
दर्द में मुस्कुराना सिखूँ कैसे अब।।

*****

अब तो हम हर घड़ी मर मर के जिया करते हैं।
बैठे-बैठे तुम्हें ही याद किया करते हैं।।

*****

जब मुकद्दर किसी का भी सो जाता है।
तब समझिए उसे इश्क़ हो जाता है।।

*****

बेनूर दिवाली है बेनूर दशहरा है।
जबसे हमारे दिल में एक शख़्स आ ठहरा है।।

*****

गलत समझा तुम्हें गलती से करना माफ तुम हमको।
आज मैं समझा कि यह शहर ही तेरा फरेबी है।।

*****

तुम अपने हुस्न का जलवा हमारी ग़ज़ल में देखो।
आईने शहर के तेरे मुझे लगते फरेबी हैं।।

*****

रात - दिन पैसो के पीछे भागे मगर।
चंद पल का सुकूँ भी न हासिल हुआ।।

*****

भटक जाता हूं अक्सर यादों के सहराओं में तेरे।
लोग तेरा दीवाना कहते हैं मुझे गांव में तेरे।।

*****

लोग कुछ दिन में ही मर जाते हैं।
मुद्दतों लाशें जिंदा रहती हैं।।

*****

खोलकर दिल मैं जिससे भी मिलने लगा।
वो ही दिल खोलकर हमको छलने लगा।।

*****

जिसके संग दिल खोलके मैं हंसने लगा।
वो ही बेकार मुझको समझने लगा।।

*****

रात भर हम तेरी यादों में जगते रहते हैं।
हंसते हंसते ही अचानक से रोने लगते हैं।।

*****

कितने हसीन हो तुम मेरी नजर से देखो।
खुद की नजर से क्या तुम खुद को निहारते हो।।

*****

दिल की गुत्थी यूँ उलझी सुलझ न सकी।
आग दिल की बुझी फिर सुलग न सकी।।

*****

देखते ही मुझे रस्ते जो बदल जाती है।
उसकी हर याद ग़ज़ल बनके निकल जाती है।

*****

अब होठों पर मेरे मुस्कान तुम्हारी है।
हम जिंदा हैं लेकिन ये जान तुम्हारी है।।

*****

किस हाल में हैं जिंदा पूछो न मेरे दिल से।
मैं क़त्ल हो गया हूँ ठोड़ी के तेरे तिल से।।

*****

जिंदगी गम के अंधेरे में गुजर जाएगी।
टूट के शाख से पत्तों सी बिखर जाएगी।।

*****

आज चलती है कल ये सांस भी थम जाएगी।
जिंदगी गम के अंधेरे में गुजर जाएगी।।

*****

जिन्हें बख्शीश में दो चार गज जमीं है मिली।
उनको भी लगता है हर बात पे मैं हाँ बोलूं।।

*****

चंद वर्षों में ये हादसा हो गया।
अपने ही गांव में मैं नया हो गया।।

*****

हमें हमदर्दी हजारों दिलों की मिलती है।
पर तेरे दर्द सा हमदर्द न मिला हमको।।

*****

गर हो एक जुर्म तो मैं बताऊँ तुम्हें।
चलती फिरती गुनाहों की दुनिया हूँ मैं।।

*****

दिल है ही नहीं सीने में पत्थर है हमारे।
तुम बेवजह दिल हमसे लगाने पे अड़े हो।।

*****

लजाके शर्म से पलकें झुका कर मुझसे वो बोली।
जमाने में कोई मुझ सा कभी तुमको न चाहेगा।।

*****

जिनको तहजीब का त भी मालूम नहीं।
लोग हमको समझते हैं वो जानवर।।

*****

सह के जो हम तेरा दर्द मर जाएंगे।
हम हजारों दिलों में उतर जाएंगे।।

*****

अपने हक में कभी कुछ मैं लिख ना सका।
है मिली लगता है तुझसे मेरी कलम।।

*****

मैंने बचपन पर कुछ नहीं लिक्खा।
लिखा हुआ सब फिजूल लगता है।।

*****

हर एक अल्फाज जिगर के लहू से लिखते हैं।
तब कहीं जाके किताबों में छपके बिकते हैं।।

*****

बेवजह की अकड़ है लोगों में।
एक शहर ऐसा जानता हूं मैं।।

*****

जितना कविताओं को मेरी प्यार किया जाता है।
काश उतना ही प्यार मुझको भी कोई करता।।

*****

जज्बात मेरे दिल के बिकने लगे हैं देखो।
हम और क्या बताएं तेरे प्यार में क्या पाया।

*****

समंदर से मछलियों की मुहब्बत चंद पल की है।
हमारी जिंदगी की दास्तां ऐसी ही कुछ समझो।।

*****

पत्थर सा दिल मैं लेके करने चला मुहब्बत।
हद-ए-बेवकूफी मेरी किससे छुपी हुई है।।

*****

अब हमारी ये क्या जिंदगी हो गई।
जैसे खुशियों से अब दुश्मनी हो गई।।

*****

कभी हम भी थे फेरारी जैसे।
आज भंगार से भी बदतर हैं।।

*****

मैं तो यहां सब से प्यार करता हूं।
कैसे फिर एक नाम बतलाऊं।।

*****

कि हमपे गिरती है जब ये तुम्हारे हुस्न की बिजली।
सिहर जाता है दिल मेरा कयामत सी गुजरती है।।

*****

मेरी बाहों को झूला मानकर वो झूल जाती थी।
बैठकर मेरे पहलू में वो खुद को भूल जाती थी।।

*****

सच के सफर में देखिए तन्हा मैं रह गया।
मुझमें ही अब तो देखिए कहा मैं रह गया।।

*****

मर गए लोग वो इश्क़ जिनको हुआ।
जो हैं जिंदा वो मरने को तैयार हैं।।

*****

लोग बेजान को भी जान समझ लेते हैं।
अक्सर अपना हमें अंजान समझ लेते हैं।।

*****

जिस्म पे हो हुकूमत किसी की भी पर।
अर्दली दिल तुम्हारा रहेगा सदा।।

*****

कंधे पे सर वो रख के अक्सर ये बोलती थी।
मर जायेंगे तेरे बिन कभी छोड़ के न जाना।

*****

सरेआम गलत खुद को मैंने खुद ही लिखा है।
अब इससे ज्यादा और क्या सुबूत चाहिए।।

*****

प्रेम से बढ़के दुनिया में कोई दौलत नहीं होती।
कि अपनेपन से बढ़के कोई भी इज्जत नहीं होती।।

*****

जिसने मुझसे वफ़ाएं करीं तोलकर।
कत्ल उसने किया है मेरा बोलकर।।

*****

छानकर खाक राहों की हमारी उम्र गुजरी है।
न छेड़ो हमको राहों में नहीं तो डूब जाओगे।।

*****

हमें भी इतना कोई प्यार करे।
जीने को जिंदगी लगे छोटी।।

*****

ना हमपे यूं गिराओ आप अपने हुस्न की बिजली।
बगावत हम न कर बैठें कहीं सारे जमाने से।।

*****

है पावन पर्व दीवाली,बधाई हो बधाई हो।
रहे हर घर में खुशहाली,बधाई हो बधाई हो।।

*****

दुनिया से कितनी थी वो अलग कैसे बताऊं।
थी इतनी अलग मुझसे ही अलग हो गई।।

*****

हम कहां से चले थे कहां आ गए।
आखों में सोचकर ये लहू आ गए।।

*****

मासूमियत से भर के देखे किसी को कोई।
कोई कत्ल हुआ जाता है दिल ही दिल में देखो।।

*****

मुद्‌दत की उदासी से मेरा हाले दिल न समझे।
क्या दर्द है मुझे अब क्या बोल कर बताऊँ।।

*****

जबसे दिल में दिमाग होने लगा।
प्यार तब से खराब होने लगा।।

*****

खुशबू तुम्हारी लेके निकले हैं आज घर से।
सब लोग पूछते हैं यह इत्र कौन सा है।।

*****

जाया है मुद्‌दतों से गजलों में गम का लिखना।
मैं हूँ उदास ये भी क्या बोल कर बताऊँ।।

*****

मुझे जो याद आती है छबीली कानपुर की है।
जो मुझको यूं रुलाती है छबीली कानपुर की है।।

*****

जफा का बाजीगर मुझको जमाना मानता है पर।
वफाओं की चिता से मेरी तुमको यार बू आए।।

*****

मेरे दिल की है देखो कटीली गली।
रेत का मैं समंदर तू नाजुक कली।।

*****

खुद को सरेआम गलत कहना भी आसान नहीं।
इतनी हिम्मत तो कोई हम सा ही कर सकता है।।

*****

हंसते भी नहीं बनता रोते भी नहीं बनता।
पाते भी नहीं बनता खोते भी नहीं बनता।।

*****

*****

मेरा दिल जिस पे आया था वो गोरी कानपुर की थी।
मैं दिल जिसको दे आया था वो गोरी कानपुर की थी।।

*****

# 66. मुक्त आशआर

Emotions are temporary!
Creations are permanent!

*****

महबूब का कहर है ,वो कानपुर शहर है।
दिखने में भोली भाली,पर मा कसम जहर है।।

*****

आपका पद नहीं व्यवहार ये तय करता है।
कितनी इज्जत मिलेगी आपको लोगों से यहां।।

*****

जितना दर्द मेरे दिल में होगा उतना अच्छा लिक्खूंगा।
दूर मुझे खुशियों से रक्खो गम की एक सल्तनत दे दो।।

*****

हम जैसों की बातों पे हंसना लाजमी है पर।
मुद्दत के लिए कब हंसी लबों पे रुकी है।।

*****

बिछड़ के जिनके भी दिल बर्फ से हो जाते हैं।
लोग घुट - घुट के वो कमज़र्फ से हो जाते हैं।।

*****

हर एक नजर दर्द को पहचानती अगर।
शैलाब-ए-दर्द दुनिया के दिल में नहीं होता।।

*****

हम तो बर्बाद हो गए यारों।
प्यार बिन सोचे समझे मत करना।।

*****

यू रेशमी जुल्फों को ना चेहरे पे गिराओ।
कहीं जान न लेले ये मेरी तेरी शरारत।।

*****

जुल्फों से कहो चेहरे से दूरी रखा करें।
तेरे गालों से खेले कोई अच्छा नहीं लगता।।

*****

उतर के आसमां से एक परी घर आज आई है।
बधाई हमको दीजै आज चाचा बन गए हैं हम।।

*****

तेरा हाथ लेके हाथों में दुनिया घूमना है।
नजदीक आ तु मेरे तेरी बिंदिया चूमना है।।

*****

मेरी औकात से बाहर है अब तुमको भुला पाना।
भुला पाओ मुझे दिल से तो खुद को आजमालो तुम।।

*****

कोई समझाए रघुवंशी मेरा दिल अब तो पागल है।
यह जिद करता है बच्चों सी तुझे पाने को रोता है।।

*****

न जाने कितने हमने दर्द पाल रक्खे हैं।
हमने दिल में गमों के झूले घाल रक्खे हैं।।

*****

कि जिसने हमें खुद के लायक न समझा।
क्यूँ हम फिर भी उस पर मरे जा रहे हैं।।

*****

भूल पाना तुम्हें मेरे बस में नहीं।
गर मुझे भूल पाओ तो तुम देख लो।।

*****

लोगों ने हमें समझा लोगों ने हमें जाना।
वो जान ही ना पाए जिनका था मैं दीवाना।।

*****

मुझे दर्द मिला हमदर्द तेरा,हम कितने किस्मत वाले हैं।
कैसे मैं उन्हें जुदा कर दूं,जो दर्द जिगर में पाले हैं।।

*****

नहीं कोई उसे प्यार करता है।
हर कोई जिसे प्यार करता है।।

*****

वो रोते हैं प्यार को जो हकीकत मान लेते हैं।
वो हँसते हैं प्यार की जो हकीकत जान लेते हैं।।

*****

तुम जो गर हाल पूछ लो करार आ जाए।
एक नजर तुम जो देख लो बहार आ जाए।।

*****

तुम्हें लिखकर मेरे दिल को बड़ा आराम मिलता है।
तुम्हें लिखने का दुनिया में मुझे अब दाम मिलता है।।

*****

मैं खुद को भूल भी जाऊं तो वो मुझे याद रहता है।
मेरे दिल की सदा बन वो सदा आबाद रहता है।।

*****

कि अब हारे हुए लोगों में मेरा नाम भी लिख लो।
नाकामी की हमें मंजिल हुई हासिल जमाने में।।

*****

न पाने का तुझे उम्र भर मलाल रह गया।
तु चला गया दिल में तेरा खयाल रह गया।।

*****

जीने आए थे दुनिया में हम।
बनके नौकर महज रह गए।।

*****

सीने में ऐसे दिल का है क्या।
दर्द का जिसमें दरिया ना हो।।

*****

भुला दो तुम मुझे दिल से नहीं आसान है इतना।।
जमाने की जबाँ पर है हमारे प्यार का किस्सा।।

*****

लिखने लगा उसको तो वो मगरूर बन गया।
मुझे प्यार का कांटा लगा नासूर बन गया।।

*****

छुपा के जो भी रखे हो दिल में न वो किसी से बताया
कीजै।
हों ज़ख्म दिल में हजार लेकिन जहाँ में सबसे छुपाया
कीजै।।

*****

खुद को हमने ही सरेराह गलत बोला है।
बेवजह क्यों किसी को दोष दिया जाए यहां।।

*****

बड़ी जुल्फें झिटक कर जो बड़ा फूहड़ से पढ़ते हैं।
जमाना सर झुकाता है उन्हीं की वाह-वाही में।।

*****

जब तू गुस्से से लाल हो के देखती है मुझे।
खुदा कसम तु तो जन्नत की हूर लगती है।।

*****

मुझे मालूम है मुझ को भुलाना चाहते हो तुम।
भुला दो मुझको हरगिज़ मैं कभी होने नहीं दूंगा।।

*****

मेरी जाँ मुझे तु जब भी गुस्से से देखती है।
लगता है लाल चेहरा तन्दूर सा तुम्हारा।।

*****

अभी तो पढ़ रहे हो तुम किताबें लिख रहे हैं हम।
और हमको बताते हो हमारी हैसियत क्या है।।

*****

पैसों का पीछा करते करते उम्र ढल गई।
जीने की जैसे आरजू दिल से निकल गई।।

*****

कोई करके वफाएं उम्र भर बर्बाद रहता है।
किसी की जान लेके भी कोई आबाद रहता है।।

*****

मेरी शायरी को दिल से महसूस करके देखो।
पल भर नही लगेगा रग रग में उतरने में।।

*****

जिस्म की अपनी नुमाइश का जिन्हें चस्का हो।
जबाँ पे उनकी नहीं जंचते हैं तहजीब-ओ-अदब।।

*****

हुस्न पर्दे में रखा जाए तो अच्छा होगा।
यूँ सरेआम नुमाइश नहीं अच्छी होती।।

*****

जिंदगीभर गिला रहता जिंदगी से मगर।
मौत के वक़्त जिंदगी हसीन लगती है।।

*****

एक दिन जी के जिंदगी मेरी देखो तो सही।
खयाल-ए-मर्ग न आए जेहन में तो कहना।।

*****

नहीं जिंदा है कोई जिस्म के रहने से दुनिया में।
नहीं मरता है कोई जिस्म के मरने से दुनिया में।।

*****

लगती हो खूबसूरत गुस्से में जानेमन तुम।
गुस्से में यूँ ही एक टक देखा करो मुझे तुम।।

*****

लगाओ मत मेरे जख्म-ए-जिगर पे आप यूँ मरहम।
कम से कम दर्द तो अपना हमारे साथ रहने दो।।

इश्क है खुदखुशी

*****

न कुछ करके भी कोई सख्श मालामाल रहता है।
कोई ताउम्र कर जद्दोजहद कंगाल रहता है।।

*****

www.ingramcontent.com/pod-product-compliance
Lightning Source LLC
Chambersburg PA
CBHW031328160726
47993CB00002B/591